仕事もプライベートもうまくいく!

女性のための
アンガーマネジメント

Anger Management for Women

川嵜昌子 著

産業能率大学出版部

はじめに

本書を手に取ってくださり、ありがとうございます。この本は、あなたの仕事もプライベートもうまくいき、あなたに充実した毎日を送っていただくために書きました。

あなたが理想とするのは、どんな毎日ですか？　毎日をどのような気持ちで過ごしたいですか？　理想の毎日を100点とすると、今は何点でしょうか？

あなたの毎日を理想に近づけること、特に気持ちを100点に近づけるのは決して難しいことではありません。「アンガーマネジメント」という、誰もが習得できる実践的なノウハウを知り、トレーニングするだけです。

アンガーマネジメントというツールを使って、あなたがものの見方と行動を少しだけ変えれば、ストレスが減り、人生が楽になります。そして、人生のさまざまな場面で好循環が生まれます。

私たちを取り巻く環境は、この数十年で激変しました。女性の生き方も変化しています。

あなたは「標準世帯」という言葉を聞いたことがありますか？　１９７０年頃の日本では、「働く夫と専業主婦の妻、2人の子ども」という4人家族が最も多く、「標準世帯」と呼ばれ、国の税制などの基準になっていました。当時、女性の幸せとは、25歳くらいまでの「適齢期」に結婚し、専業主婦になり、子どもを産み育てることだと思っている人が多数派でした。適齢期を過ぎても結婚しない女性は、「オールドミス」と揶揄《やゆ》されていたほどです。

それから50年を経た現在は、一人暮らしの「単独世帯」が日本で一番多くなっています。さらに、女性の未婚率は、１９７０年には、25～29歳が18・1％、30～34歳が7・2％、35～39歳が5・8％だったのが、２０１５年には、25～29歳が61・3％、30～34歳が34・6％、35～39歳が23・9％と増えています（総務省「国勢調査」）。ずっと独身、結婚しても子どもがいない、子どもは一人だけ、離婚、シングルマザーという生き方は、かつては否定的に捉えられることが少なくありませんでした。しかし今は、こうした生き方も広く受け入れられ、一般的になりました。

働く女性の割合

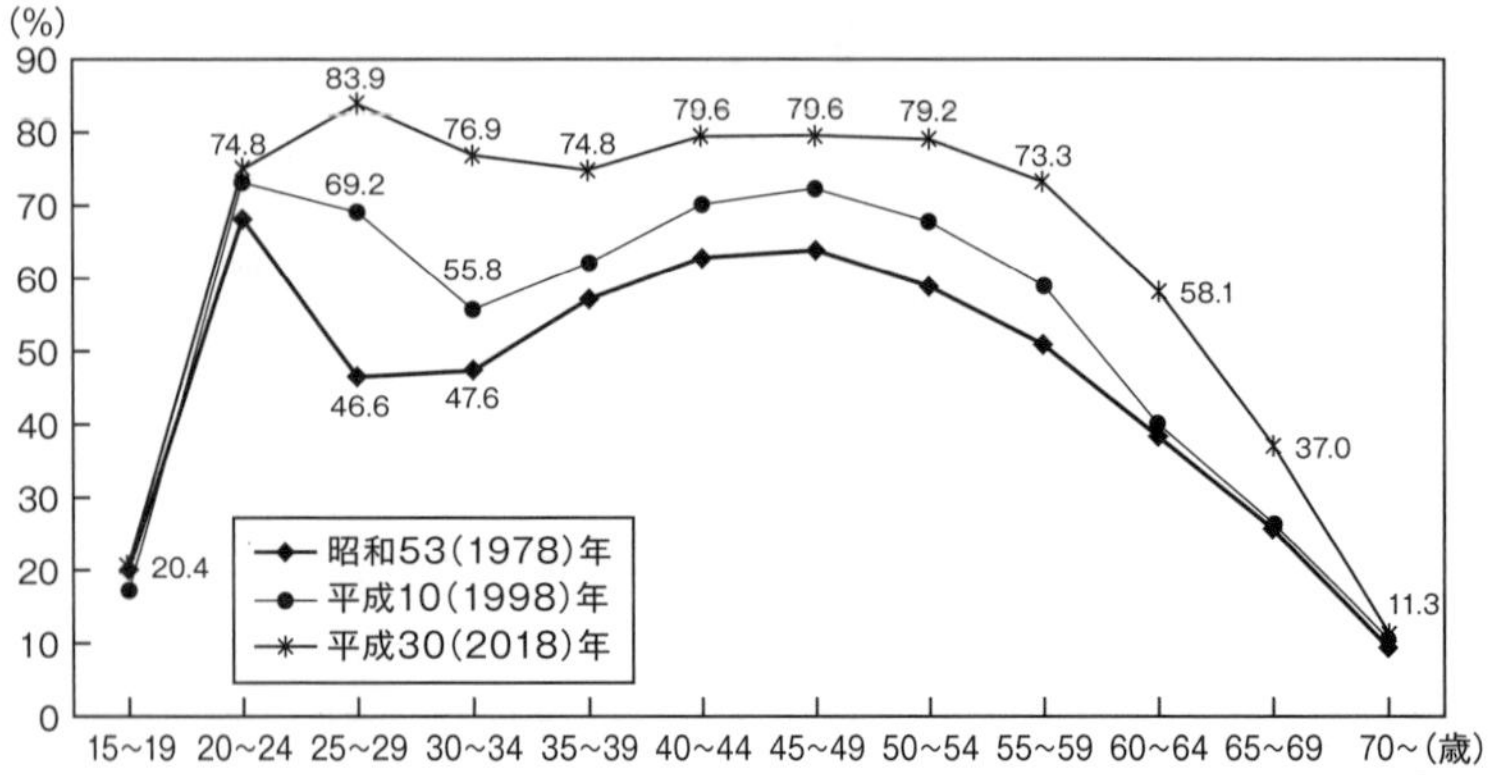

出所:男女共同参画白書 令和元年版

さらに、結婚、出産しても、仕事を続ける女性が増えています。これも、かつては「ダンナさんの稼ぎが悪いから働いているのだろう」と言われたり、逆にそう思われないよう「仕事は辞めなさい」と婚家に言われたりする女性もいたものです。

働く女性の割合の変化を示しているのが、上のグラフです。結婚・出産で仕事から離れ、子育てが一段落したら戻ってくる女性の割合を示す「M字カーブ」の底が、１９７８年に比べると１９９８年、２０１８年と浅くなっていることがお分かりいただけると思います。

職場、家庭、SNSでイライラ

生き方の幅が広がり、働くことで経済力を得た女性たち。では、女性が生きやすい社会になったかというと、残念ながら、必ずしもそうとは言えません。職場でも家庭でも、男女平等とはまだまだ言いがたく、働く女性にとって納得がいかないことは多々あります。

例えば、正社員の賃金格差。「男女共同参画白書 令和元年版」によると、2018年の正社員の賃金は、男性を100とした場合、女性は75・6であり、24・4ポイントもの開きがあります。この理由として、女性の管理職が少ないことに加え、総合職・一般職というコース別人事制度において、後者に女性が多いため、昇格・昇給のチャンスが少ないことなどが挙げられています。さらに、パート、アルバイト、派遣社員など、非正規社員の割合は、男性22・2%に対し、女性は56・1%であり、女性はある意味、不安定な雇用条件、弱い立場で働いているといえるのかもしれません。

また家庭では、「夫婦共働きなのに、家事や育児のほとんどを自分が負担している」と感じる女性が少なくありません。統計によると、子どもがいる共働き世帯における家事・育児の時間は、夫が一日平均46分に対し、妻は4時間54分と、6倍超の差が存在します（総務省「平成28年社会生活基本調査」）。

このように、職場では立場が弱く、家庭では労働負担の大きい現代の女性たち。優先されている立場の男性に、不満を感じることもあるでしょう。

また、怒りの矛先は、男性だけでなく女性にも向かいます。自分と異なる価値観を持ち、違う生き方を選ぶ人に対して「許せない」などと感じたことはないでしょうか。あるいは、自分よりもうまくいっていそうな人、幸せそうな人に、イライラしたことはありませんか？

今の時代は、SNSを通じてさまざまな情報が目に入ってきます。本来ならば知る必要のない「余計な情報」が、怒りを生むこともあります。人と比べて自信を失ったり、焦ったり、人の生き方を妬んだり、許せなかったりして、それが怒りへとつながるのです。同時に、自分の生き方や言動に対して、人から批判されたり、怒りをぶつけられたりする機会もあるのではないでしょうか。

ムダな怒りを手放し、もっと楽に生きよう！

このような時代において、ムダな怒りを手放して、もっと楽に生きるためのノウハウが、「アンガーマネジメント」です。アンガーマネジメントは、1970年代にアメリカで生まれた、怒りの感情と上手に付き合うための心理トレーニングです。日本では2010年頃から全国でセミナーや研修が行われるようになり、徐々に認知されてきています。

人は「感情の生き物」と言われるように、毎日、喜怒哀楽の感情と共に生きています。職場でもプライベートでも、うれしいことや楽しいことがあればハッピーな一日を過ごせますが、悲しいこと、腹立たしいことに出会うと元気が失われ、時には生きることさえ嫌になります。

アンガーマネジメントで、怒りの正体や仕組み、対処法などを知ると、だんだんと、よい意味で人のことが気にならなくなります。誰がどんな生き方をしていても、どのような考え方・価値観を持っていても、「人は人、自分は自分」と思えてくるからです。人から批判されたり、怒りをぶつけられたりしても、「相手には相手の考え方や価値観がある」「自分と相手は別人で、別の人生なので違って当然」と受け止めることができるようになります。

振り回されない生き方

アンガーマネジメントには、「自分の認知（考えやイメージ）も行動も、自分で選べる」という考え方が基本にあります。誰かのせい、何かのせいと思わないことで、人や事柄に振り回されることもありません。

私たちの日常生活は、自分の思いどおりに進むときもあれば、そうでないときもあります。思いどおりにいかないと、誰でも、多かれ少なかれネガティブな気持ちになるものです。しかし、アンガーマネジメントを活用すれば、ネガティブな気持ちから比較的早くニュートラルな状態に戻ることができ、冷静に次の一手を考えられるようになります。

アンガーマネジメントは、年齢、性別、職業、その他の属性を超えて、誰でも学ぶことができ、その考え方や対処法は、人生を生きていくうえでプラスに働きます。「もっと早く知っていれば」と言われることも多いですが、今からのあなたの人生に、きっと貢献してくれるでしょう。

この本では、女性にありがちな「怒りの問題」を取り上げています。仕事もプライベートも、人知れずがんばっているあなたがもっと楽になり、いきいきと活躍するために、ぜひアンガーマネジメントを活用していただければと思います。

もくじ

第1章

アンガーマネジメントとは

1 アンガーマネジメントの目的は「後悔しないこと」

自分らしく生きるためのノウハウ

「アンガーマネジメント」という言葉が、日本でも徐々に知られるようになってきました。しかし、言葉のイメージから、次のような誤解をしている人もいるようです。

「アンガーマネジメントって、頭にきても我慢することでしょう？　怒りを我慢して溜め込むのは、不健康でよくないと思う」

「相手が悪いから、いら立つのです。それを指摘せず、その場を穏便にやり過ごしましょうというのが、アンガーマネジメントですよね？　大人になりなさいということでしょうけど、まったく納得がいきません」

「子ども向けのアンガーマネジメントもあるようだけど、子どもたちの感情を抑圧し、大人びた子どもをつくるなんて、とんでもない！」

「部下は叱責しないと、分からない。アンガーマネジメントで叱らないようにしましょうなんて、部下が育たないわ」

アンガーマネジメントは、anger（怒りの気持ち）をmanagement（管理）するためのノウハウですが、怒りを我慢したり、感情を抑圧したりすることではありません。怒らない人になることでもありません。むしろその逆で、「自分の感情を大切にし、自分らしく生きるためのノウハウ」なのです。

怒りの感情に任せると、本心とは違うことを口にしてしまい、相手を傷つけ、自分も傷つき、取り返しのつかない事態を招いてしまうことがあります。あなたも、次のようなことを言ってしまった経験はありませんか？

「もうこんな会社辞めてやる！」

（本当は辞めたいわけではないのに）

「あなたの顔なんて見たくない！ もう別れましょう」

（本当は別れたいわけではないのに）

「そんなに言うことを聞かない子どもは、大嫌い。家を出て行きなさい」

（本当は大嫌いでもなく、家を出て行ってほしくもないのに）


逆に、怒りを我慢して言いたいことをのみ込み、「あのときこう言えばよかった」と、いつまでもしこりが残るケースもあるでしょう。こうした事態を回避し、「怒りで後悔しないこと」が、アンガーマネジメントの目的なのです。

「上手に怒る」を身につける

アンガーマネジメントは、決して怒らないことではありません。「怒る必要のあることは上手に怒れ、怒る必要のないことは怒らないようになること」をめざすものです。「上手に怒る」とは、人を傷つけず、自分も傷つけず、物を壊さずに、自分の要望を伝えることを意味します。

例えば、雨の日に電車に乗ったところ、隣の人の傘があなたの足に貼りつき、靴の上に水がしたたり落ちてきたとします。不快に感じますよね。隣の人に向けて「すみません、傘が……」と穏やかに伝えれば、多くの人は「あっ、すみません」と急いで傘を引いてくれるはずです。これが「上手に怒る」です。

ところが、隣の人に声を掛けるわけでもなく、どうにか察してもらおうとしてらえず、イライラだけが募ります。その結果、「あのさ～、さっきから私の足が

咳払《せきばら》いをしたり、睨みつけたりすると、どうでしょう。多くは相手に気づいてもらえず、イライラだけが募ります。その結果、「あのさ～、さっきから私の足が濡れているんだけど！」と爆発した怒りを相手にぶつけ、言い争いになったり、暴力に発展することもあります。

あるいは、足が濡れることにイライラしながらも、電車の中では我慢した結果、過度にストレスをため込んでしまったり、同僚や家族など無関係の相手に八つ当たりをしてしまうこともあります。また、怒りを人ではなく物にぶつけるのも、少しはすっきりするかもしれませんが、健康的ではありません。これらは、本来「怒る必要のないこと」です。アンガーマネジメントは、不要な怒りを避け、怒りを健康的に解決するものです。

2 人はなぜ怒るのか

「怒り」は自分の心を守るための機能

「怒り」は喜怒哀楽の一つであり、とても自然な感情です。決して、悪いもの、恥ずべきものではありません。「人間ができていないから怒る」や、「怒るのは恥ずかしい」という発想は、アンガーマネジメントにはありません。むしろ、怒らない人はいないし、怒りの感情をなくすこともできないと捉えています。怒りの感情を減らすことはできても、ゼロにすることはできないのです。

ですから、アンガーマネジメントは、腹を立てないように自分をマネジメントするのではなく、腹が立ったときの自分の言動、つまり「何を言うのか、言わないのか」「何をするのか、しないのか」をマネジメントするものです。

では、そもそも人はなぜ怒るのでしょうか？

「怒り」のルーツは、動物が命の危険から身を守るための機能・役割と考えられています。外敵が身近に迫り、命の危険にさらされたときに、戦うのか逃げるのかを一瞬で判断して動くための機能です。怒ると心拍数が上がり、血流がよくなり、全身に力がみなぎります。逃げるのなら一目散に逃げる、戦うのなら相手にダメージを与えることができる状態です。そうした意味で、怒りは生き延びるために必要な機能であり、なくすことはできません。

そして、今では、命の危険だけでなく、心の危険にさらされたときにも「怒り」が発生します。怒りは、自分の気持ちやプライドを傷つけるもの、自分の考えや価値観、存在を否定するものから、自分の心を守る役割を果たします。怒りの感情が湧き起こると全身に力が入り、自分を否定する相手を、言葉や肉体的な力で叩きのめします。もしくは、相手に対して固く心を閉ざし、相手の存在を無視します。

先ほどの電車での傘の例で言うと、隣の人が自分の合図（咳払いや視線）に気づかず、傘をどけようとしないことに対して、怒りが発生します。自分の存在、プライドを否定されたと感じ、心を守るために戦いを開始したのです。

また、八つ当たりは、心理学的には「置き換え」と呼ばれるものです。本来の相手、すなわち傘をつけてきた人に対して戦えなかったため、代わりに別の対象（同僚や家族）を敵に置き換えて戦い、心を守ろうとする行為です。通常、自分よりも弱い立場の人や、自分を受け入れてくれそうな人が、置き換えの対象となります。

怒りっぽい人は、言い換えれば、心の危険を感じることが多い人です。いろいろなものが自分を否定している、傷つけようとしていると感じているため、その都度、自分の心を守るために怒りを発しているのです。

誰でも怒られるのは嫌なもの

さて、人が怒るのは「自分の身を守るため」であることが分かりました。しかし、逆の立場、すなわち怒られている人の多くは、嫌な気分になるものです。怒られてうれしい人はいませんし、怒っている人に恐怖を感じたり、人から怒りを向けられたことに対して、腹が立つことも少なくありません。

怒っている人は、相手が自分を否定している、無視していると感じて、戦いを挑んでいます。一方、怒られる側は、戦いを挑まれてダメージを受けないように、自分を守ろうと身構えます。すなわち、反撃です。相手の強い口調や暴言に、自分も同じ調子で返す「売り言葉に買い言葉」や「逆ギレ」は、共に自分の心を守ろうとする防衛機能から起こります。

また、怒っている人に対して、何も言わず、無表情でいる態度は、自分の心を守るために、心を逃がす行為です。例えば、子どもや部下を叱っているときに、相手の反応が乏しいと感じることはありませんか。そのようなときに、「ちゃんと聞いているの？」「なんで黙っているの？」と、さらにいら立つ人も多いのですが、相手はちゃんと聞いているからこそ、自分の心を守るためにそうした態度を取っているのです。

戦いへの反撃が難しい場合、もしくは反撃したくない場合は、人間は「逃げる」という選択肢を取ります。妻に怒られた夫が「分かった、分かった」と受け流して、その場を立ち去るのも、これに当てはまります。

3 怒りが生まれるメカニズム

ストレスフルだと些細《ささい》なことで腹が立つ

怒りは自分の身を守るための感情で、その時々の心の状態と大きく関係しています。同じ出来事でも、そのときの心の状態によって腹が立ったり、立たなかったりします。心に余裕があるときには何とも思わないことでも、余裕がなくなるとイライラしやすいという経験を、あなたもしたことがあるのではないでしょうか。

左ページのライターの図は、燃料タンクが心の状態を表しています。「悲しい」「苦しい」「疲れた」など、マイナスの感情・状態（＝燃料）が心の中にあると、何らかのきっかけで、「怒り（＝炎）」に変わります。逆に、マイナスの感情・状態（燃料）がなければ、怒り（炎）は発生しません。

例えば、赤信号の横断歩道で立ち止まっているとき、「急がないと遅刻してしまう」という焦りや、「待ち時間が長くて嫌だなあ」という不満があると、怒りが生まれる可能性があります。しかし、親しい友人と楽しくお喋りしながら赤信号を待っているときには、心の中にマイナスの感情がないため、怒りは生まれません。

怒りが生まれるメカニズム

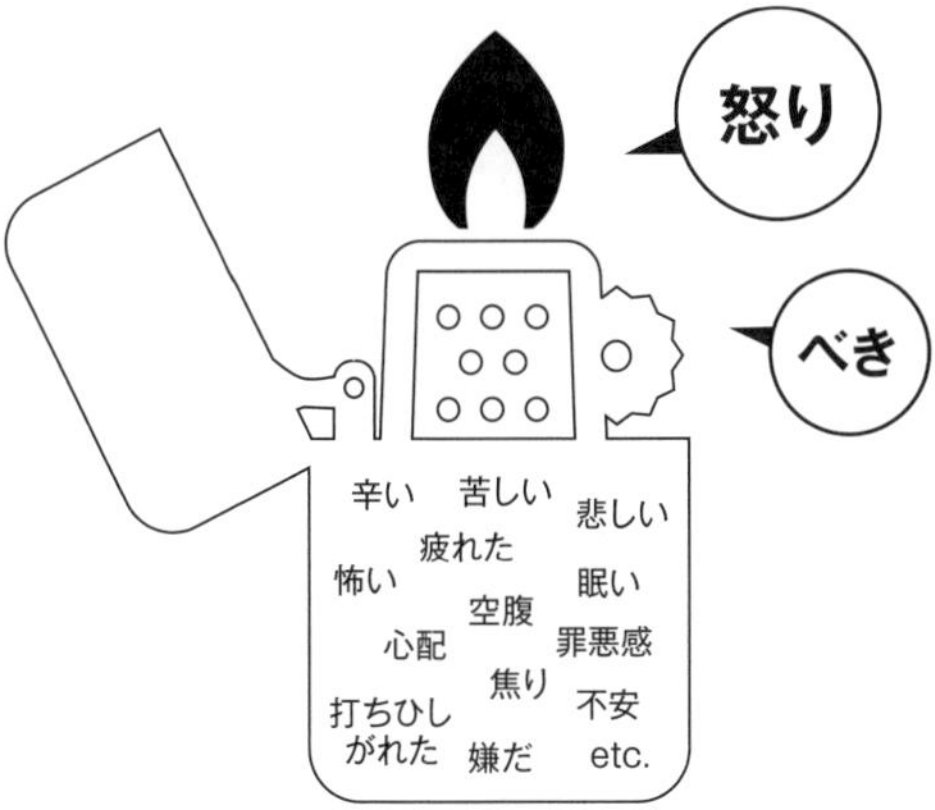

©一般社団法人日本アンガーマネジメント協会

常日頃、心がマイナスの感情でいっぱいになっていれば、それはライターの燃料が満タンな状態です。すると、些細なことがスイッチとなり、怒りの点火につながります。また、心だけでなく、体調不良、睡眠不足、空腹など、身体の状態がマイナスに傾いているときも危険です。

あなたの周りに、馬が合わない人や、あなたを攻撃してくる人はいませんか？　または、職場の風土が合わない、ママ友グループの居心地が悪い、自分や家族の健康状態に不安や問題があるなど、いつも何かが気掛かりで、すっきりしない毎日を過ごしていないでしょうか。このようなストレスフルな状態にあると、自分の身を守ろうとする力が強く働き、ちょっとしたことをきっかけに、怒りにつながっていきます。

マイナスの感情を溜めない

あなたの周りにも、「なぜ、そんなことで……？」と疑問に思うほど些細なことで、激しく怒る人がいるかもしれません。そうした人は、その些細な出来事自体に強く立腹しているというよりも、蓄積されたネガティブな感情が、その出来事を発端として炎になった可能性があります。

例えば、「子どもが部屋を散らかしたままで、片づけなかった」ということで親が怒鳴った場合、「部屋を片づけなかった」という出来事は怒りの引き金になっただけで、親の心の中には、もともとマイナスの感情が溜まっていた可能性があります。

これは、いわゆる、機嫌が悪いときの「八つ当たり」です。八つ当たりをしないためには、マイナスの感情を溜めない、マイナスの状態を続けないことが一番です。忙しくても睡眠時間を確保し、食事を抜かない、運動不足にならないように気をつけて、心と身体の健康を保つことを意識するとよいでしょう。

しかし、いくら気を配っていても、不機嫌になったり、ストレスが溜まってしまったりすることはあります。マイナスの感情が蓄積されていると感じたら、まずは、今の自分はイライラしやすい状態にあると認識してください。

そのうえで、「君子危うきに近寄らず」、つまり、怒りにつながりそうな場所・人・事柄をできる限り遠ざけてしまうのです。待たされるのが嫌な人は、待つ可能性が高そうなところには行かない。どうしても行く必要がある場合は、待っている間も心穏やかに過ごせるように、あらかじめ自分で対策を講じておきましょう。

4 怒りは期待の裏返し

「べき」への裏切りが怒りを呼ぶ

25ページのライターの図をもう一度見てみましょう。ライターのフリントホイール（発火ヤスリ）に、「べき」と書いてありますね。燃料（マイナスの感情・状態）から炎（怒り）に変わる着火スイッチとなるのが「べき」、すなわち、「自分が強く信じていること」です。誰しも、「男性（女性）はこうあるべき」「母親（父親）はこうあるべき」など、自分が「正しい」と信じていることはあると思います。ところが現実がそのとおりにならないと、怒りが湧いてくるのです。

左図では、「べき」の上に「理想」とありますが、これは「常識」や「期待」とも言い換えられます。「こうあるのが当たり前」「こうあってほしい」という気持ちです。現実がその状態にないと、「私の気持ちを否定された」「私が粗末に扱

私たちを怒らせるものの正体

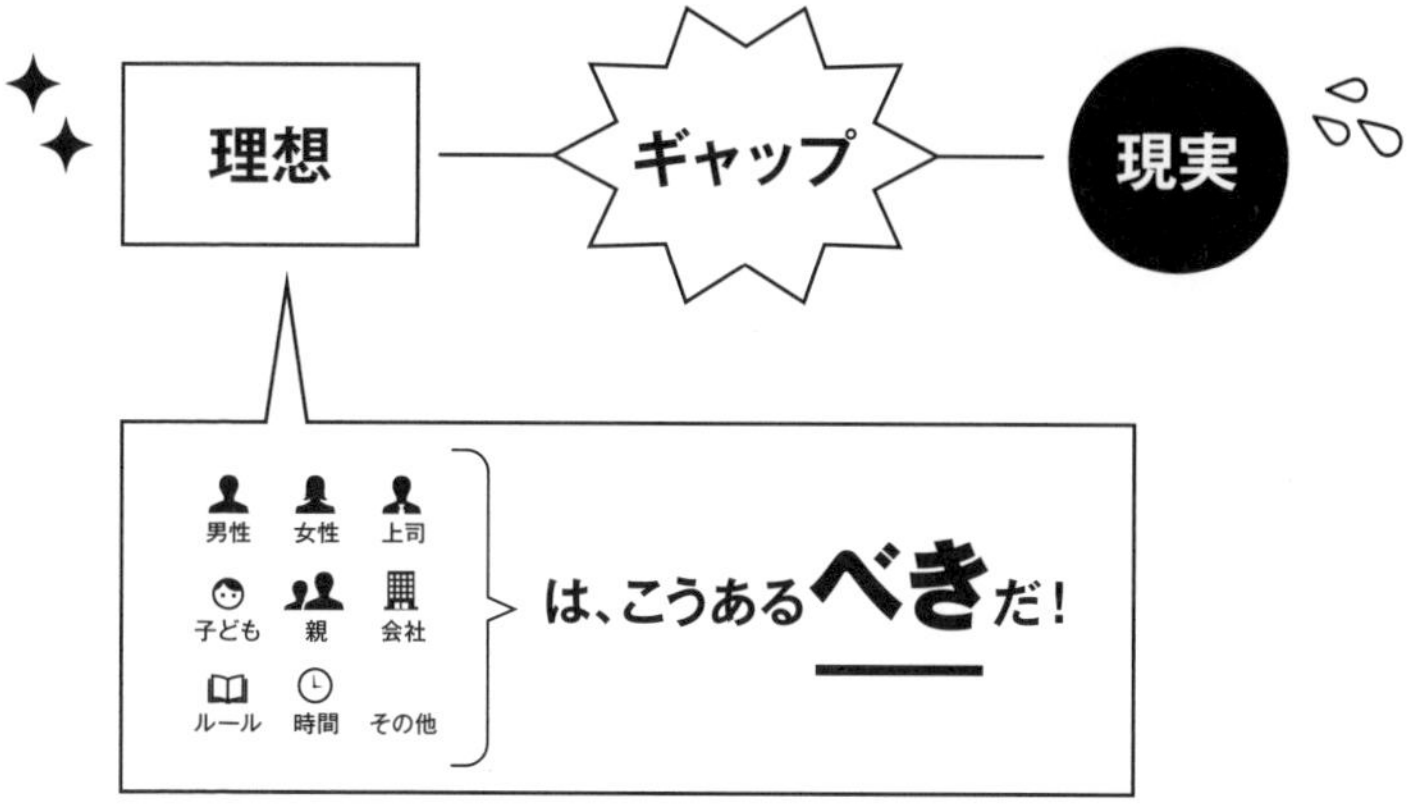

©一般社団法人日本アンガーマネジメント協会

われた」「私の存在が無視された」「私の時間、労力、お金がムダになった」「私のルールが侵害された」という気持ちを抱き、そうした状態から心を守るために、怒りが生まれます。

例えば、約束の10時になっても、友人が待ち合わせ場所に姿を見せず、連絡も取れない場合を想像してみてください。心の中に「不安」「心配」というマイナスの感情が生まれますが、これだけでは、まだ腹は立ちません。

そこへ、友人がやって来ました。あなたは、「約束の時間に遅れているときは、走るなりして急いでやって来るべき」「まずは謝るべき」「遅れた理由を言うべき」「その理由は納得のいくものであるべき」という、何らかの「べき」を持っているかもしれません。そして、その「べき」に則った行動を相手が取り、あなたが納得したならば、怒りにはつながりません。

けれども、友人がゆっくり歩いてやって来て、謝らず、理由も言わず、聞き出した理由が納得のいくものでなかった場合、あなたの信じる「べき」が裏切られ、怒りが生まれるのです。

自分が正しく、相手が間違っている?

怒っている人は、よく、「信じられない!」「普通はこうでしょう?」「非常識だ」という言い方をします。すなわち「自分が正しくて、相手が間違っている」と思っています。

人は怒っているとき、自分の常識は相手にとっても常識であり、その常識を守らない相手が悪いと感じています。あるいは、自分の期待や理想を相手は理解し、応えるべきなのに、応えない相手は間違っている、裏切られたと思いがちです。

しかし、多くは、相手に自分の期待や理想を詳しく伝えておらず、相手の理解を得られたわけでもないのに、「言わなくても分かってほしい」「私の期待に応えるべき」などと思っています。また、「べき」は、その人のこれまでの人生、経験から学んできたことであり、人それぞれ異なるものです。

冷静に考えれば、自分と相手は違う人間なので、考え方や価値観、常識が完全に一致するということはあり得ません。しかし、特に夫婦や親子などの身近な相手の場合、期待が大きい分、ギャップを許しがたく感じがちです。

そうした意味では、怒りは「期待の裏返し」ともいえます。まったく期待していなければ、期待が裏切られることもないので、腹は立ちません。期待しているからこそ、裏切られたと感じるのです。

これは、相手に期待することが悪いのではなく、期待していることを相手に的確に伝えていない点に問題があります。また、伝えたからといって、相手が必ず期待に応えてくれるわけではないと、理解しておく必要があります。相手にとって、その期待に応えるのは難しいことかもしれないし、そもそも相手には「期待に応えない」という選択肢もあります。あなたが、親しい人からの期待でも応えない、応えられないことがあるのと同じです。

5 ネガティブな思い込みが怒りをもたらす

ネガティブな思い込み

これまで、「マイナスの感情・状態」という燃料に、「べき」への裏切りが発生することで着火スイッチがONになり、「怒り」の炎が燃え上がると説明してきました。しかしこれは、あくまでも「怒っている人が、裏切られたと感じている状態」であり、相手は裏切ったつもりはないことが少なくありません。

例えば、朝、同僚に「おはよう」とあいさつをしたのに、返事が戻ってこなかったとします。「あいさつを返すべき」というあなたの常識や期待が裏切られ、「私を無視した」「常識がない人だ」と怒りが生まれます。ところが実際には、同僚にはあいさつの声が聞こえなかっただけだったり、他の人に対するあいさつだと勘違いした可能性もあります。

　このように、出来事をどう捉えるか、解釈（認知）次第で、怒りの感じ方は変わってきます。そして、その解釈は、事実のこともあれば、単なる思い込みの場合もあります。思い込みで一方的に怒ったものの、相手にしてみれば何を怒られているのかさっぱり分からない、というケースは多々あるのです。

　また、怒る頻度が高い人は、出来事の解釈がネガティブな思い込みになりやすい傾向があります。自分を取り巻くさまざまな事象が、自分の心を脅かしていると感じるのです。ネガティブな思い込みの例は、次のようなものです。

客　**「そのチョコレートが入ったケーキをください」**
店員**「申し訳ありません。これはチョコレートではなく、レーズンです」**
客　**「ちょっと！　あなた、私をバカにしてるの？」**

　これは、「私はお客さまであり、店員よりも上の立場なのに、間違いを指摘されてプライドを傷つけられた」という思い込みから来る怒りです。「お客さまに恥をかかせるべきではない」という、その人の「べき」が裏切られたと感じたのです。店員からしたら、事実を伝えただけなのに、なぜ怒らせてしまったのかさっぱり分からず、頭を抱えてしまいそうです。

ネガティブな解釈は、自分にあまり自信が持てないときや、他人の評価が気になるときに起こりやすく、それ以上心を傷つけられないように、自分の立場やプライドを守ろうとして怒りが発生します。

思い込みをなくすために

怒りの強さは、向けられる相手との関係に応じて、しばしば変わります。顧客と店員、上司と部下、先輩と後輩、先生と生徒、親と子どもなど、自分よりも下の立場だと思っている相手には、強い怒りを向けがちです。自分より下の立場の人は「自分に従うべき」「自分に従ってほしい」と思っているため、その期待が裏切られたときに、怒りが生じるのです。

しかし、たとえ相手が自分より下の立場であっても、相手には相手の考え方、価値観、能力、判断、選択の自由があります。あなたに従わないからといって、あなたを否定しているわけでもなく、心の安全を脅かしてもいないのです。

それは、逆を考えれば理解できるはずです。あなたの顧客や上司、先輩、先生、親などに対して「相手は自分よりも上の立場だから、従うべき」と、必ずしも思っているわけではないでしょう。さらに、従わないことで相手を否定し、相手の心の安全を脅かしているという認識もありません。

ムダに怒らないためには、「思い込み」と「事実」を分けて考える必要があります。思い込みをなくすためには、次のようなことに気をつけるとよいでしょう。

- 相手に事実を確認する
- 自分の「べき」を知る
- 自分と違う考え方や価値観も知り、自分以外の視点を増やす
- 情報チャネルを増やす
- 自分の経験とは違うかもしれないと疑ってみる
- 思考がワンパターンにならないようにし、柔軟性を高める

6 「4つの怒り」に要注意

アンガーマネジメントでは、怒りは自然な感情であり、悪いものとして捉えていません。しかし、怒りの感情が強くなり過ぎて自分でコントロールできなくなると、自分自身や周りの人に対して悪影響を与えます。問題となるのは、次の4つの傾向です。

① 強度が高い怒り

小さなことに対しても、強く怒り過ぎる傾向です。あなたの周りにも「瞬間湯沸かし器」と呼ばれる人はいませんか？ 何らかの理由で怒りのスイッチがカチッと入ると、火を噴くように怒り出します。怒っている間は、周りの人が何を言おうと、聞く耳を持ちません。仮に自分の勘違いだったとしても、それを指摘されると「口答えしないで！」などと言ってさらに怒り、火に油を注ぐ結果になります。

しかし、一定の時間怒りをぶつけると、すっきりして、怒った内容も、怒ったこと自体も忘れてしまう人が少なくありません。一方、本人は忘れても、怒られた側、特に理不尽な怒りをぶつけられた相手は覚えているため、職場や組織における出来事であれば、パワーハラスメントと見なされることもあります。

また、強い怒りは脳や心臓に負担をかけやすいため、血圧が高い人や高齢者などは、身体的な問題を引き起こすおそれもあります。

② 持続性がある怒り

いったん怒りが収まっても、何らかのきっかけで怒りが再燃する傾向です。例えば、学生時代に夏の花火大会で、あなたのお気に入りの浴衣を友人がふざけて汚したとします。すると、それから10年が経過した現在でも、夏に花火を見るたびに、そのときのことを思い出してふつふつと怒りが湧いてくるのです。子ども時代のことや、前の職場での出来事、昔の恋人のことなどを思い出しては、今現在起きたことのように不機嫌になります。

これは「怒り」ではなく「恨み」になってしまっているケースです。「あいつは許せない」「あのときのことは本当に腹立たしい」などと、「思い出し怒り」をするのです。そのときの怒りの対象が身近にいる場合はいつまでも責め続け、身近にいなくても、思い出してはイライラします。

③ 頻度が高い怒り

身の回りのいろいろなことが怒りの原因となり、しょっちゅうイライラしている傾向です。

この傾向がある人の周囲の反応は、大きく次の2つに分けられます。一つは、その人を怒らせないように気を使い、いつも緊張している状態です。上司などの強い立場の人にこの傾向が見られる場合、周りの部下は、怒りを呼びそうな報告を避けるようになっていきます。また、親にこの傾向がある場合も、その子どもは点数の悪いテストを隠すなど、親を怒らせないように注意を払います。

もう一つの反応は、その人の怒りに慣れてしまった状態です。いくら怒っても、話を聞かず、右から左へとスルーしてやり過ごすようになります。

④ 攻撃性がある怒り

攻撃性の矛先は、次の3つに向けられます。一つめは、怒りの相手や、関係のない第三者に暴言を吐いたり、暴力を振るったりする「他人を傷つける」傾向です。二つめは、自分を責めたり、自傷行為を行なったりする「自分を傷つける」傾向です。最後の三つめは、物に怒りをぶつける「物を壊す」傾向です。皿やグラスなどの壊れやすいものを投げつけたり、歩道に置いてある案内板を蹴り倒したりするほか、ペットを叩くなども含まれます。

いかがでしょうか。思い当たる節はありましたか？　ここまでに挙げた「強度」「持続性」「頻度」「攻撃性」に関して、自己診断をしてみましょう。それぞれの怒りについて0から10までで得点化し、自分の怒りにはどのような傾向があるのか確認してください。さらに、家族や友人などの身近な人からも、自分を評価してもらいましょう。周りからの評価を見ることで、自分の怒りの傾向をより客観的に観察できると同時に、自分が周りからどのように認識されているかが明らかになります。

7

「イラッ」としたときの3つのコントロール

アンガーマネジメントには、今すぐできる「対処法」と、長期的な「体質改善法」の2種類のテクニックがあります。また、それぞれ「意識を変える」ものと、「行動を変える」ものがあります。

私が所属している一般社団法人日本アンガーマネジメント協会では、数多く存在するテクニックの中から、すぐに取り組める次の3つを紹介しています。日常生活でイライラを感じたときに、次の①②③の順に行います。

① 【衝動のコントロール】最悪の事態を防ぐ

② 【思考のコントロール】どうしても許せないことかどうかを自分に問う

③ 【行動のコントロール】許せない場合、どう行動するかを決める

アンガーマネジメントのテクニック

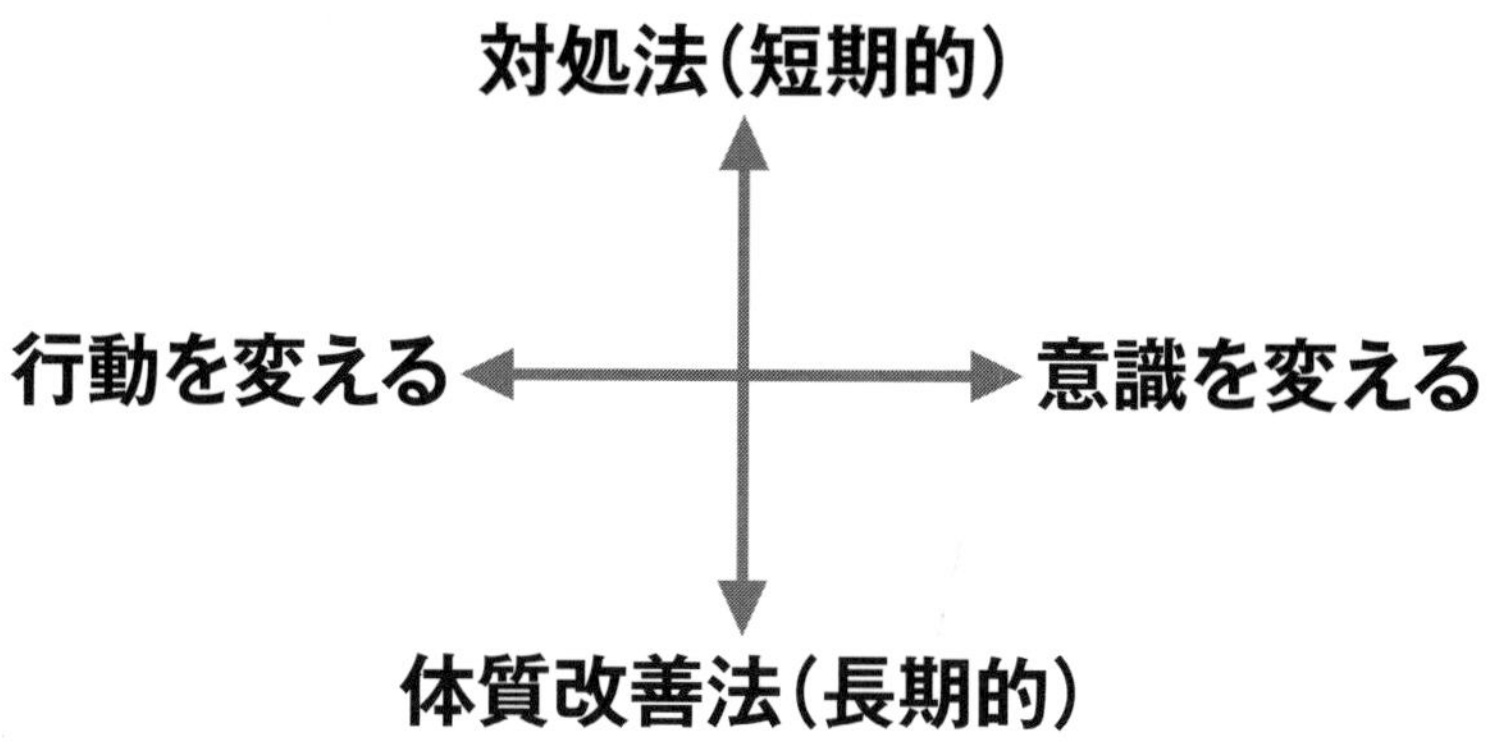

では、それぞれ詳しく見ていきましょう。

① 衝動のコントロール

「イラッ」としたときに最も大切なのは、怒りの感情に任せて行動しないことです。そのため、当協会では「6秒」待ってから、物を言い、行動することを勧めています。

この「6秒」は、理性が動き出すまでの時間と考えられています。脳は「本能」「感情」「理性」を司る3つの層からできており、この順番に反応します。感情は、生き抜くための活力溢れる古い脳（大脳辺縁系）、理性は、よりよく生きていくために言語や論理的な思考を司っている新しい脳（大脳新皮質）で生まれます。

先述のとおり、「怒り」は自分を守るための機能です。自分を否定していると見なした相手を攻撃するため、時として相手に暴言・暴力をぶつけて、お互いにとって不幸な結果をもたらします。言葉の暴力は、相手の心を傷つけ、人間関係を壊し、信頼が失われます。肉体的な暴力は、相手に傷害を負わせたり、物が破壊されたり、最悪、命が失われることもあります。取り返しのつかない結果に、後悔してもしきれません。「6秒」待って理性的に行動することで、こうした問題を防ぎ、最悪の事態を回避することができます。

理性が動き出すまで待つためには、次のような方法があります。

・「1、2、3、4……」とカウントする

・深呼吸する

特に怒鳴りやすい人は、何度か大きく深呼吸するとよいでしょう。息を吐きながら言葉を発すると怒鳴ることにつながるため、声を出さず、息だけ吐く深呼吸を心掛けます。

・心の中で「呪文（落ち着く言葉）」を唱える

穏やかな状態のときに、あらかじめ呪文となる言葉を考えておきます。「大丈夫」「落ち着いて」などのほか、「私はこの仕事のプロ。ここで理性を失うのは三流」なども効果的です。

・ストレッチをする

臨戦態勢に入った身体の力を抜いて、緊張を緩和します。

・別の物に視線を移し、気を逸らす

・怒りの温度（点数）を測る

穏やかな状態が0、人生最大の怒りが10として、今の怒りの温度（点数）を10段階で考えてみます。「あのときは6だから、これは4」などと比較することや数値で考えることで理性が働き、冷静さを取り戻せます。

②思考のコントロール

6秒待ったら、次は、そのイラッとした相手や出来事を許せるかどうかを考え

思考のコントロール（三重丸）

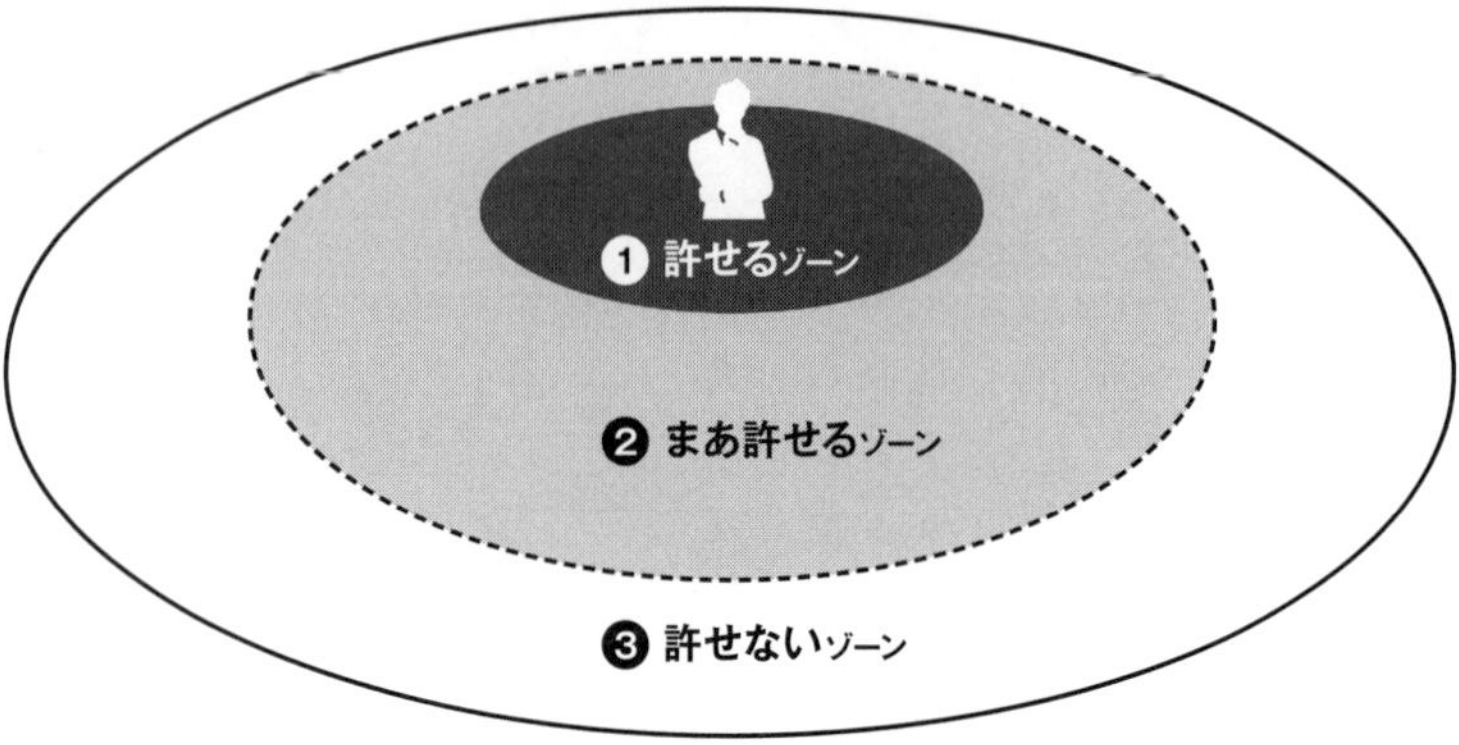

ます。

上図の三重丸は、心の中を表しています。一番内側の丸は「許せるゾーン」。ここは、自分にとって理想的な状態です。二番目の丸は「まあ許せるゾーン」。理想的ではないけれども、許容範囲です。三番目の丸は、「許せないゾーン」。自分には許容できない状態です。

例えば、友人と10時に待ち合わせをしたときに、相手が来る時間が、何時何分から何時何分までが理想的か、許容範囲か、許容できないかで考えてみてください。10時ちょうどまでしか許容できない人もいれば、10時30分までは許せるという人もいるでしょう。その基準は、人それぞれ違うのはもちろんのこと、相手や状況によっても変わってくるかもしれません。

私たちは、そのときの気分で、「まあ許せるゾーン」を広げたり狭めたりします。機嫌がよいときには寛大になって「まあ許せるゾーン」が拡大し、機嫌が悪いときには狭量になり、ゾーンも縮小します。

けれども、その時々の気分によって、あるいは相手によってこの範囲を動かすと、怒られるほうは混乱し、納得がいきません。同じことをしても、日によって怒られたり、怒られなかったりするため、基準が分からず、顔色をうかがうことにつながるでしょう。また、相手によって基準を変えることは、怒られる側にしてみると嫌がらせやパワハラ（パワーハラスメント）に感じることもあります。

特に仕事の納期などにおいては、関係者間であらかじめ話し合って基準を定め、互いに共有しておくとスムーズに進みます。「10日の午前中までに提出」としている仕事は、「9日中に提出するのが理想的」「10日13時までなら、まあ許せる」「万一13時以降になりそうな場合は、事前に必ず報告してほしい」などと伝えておくのです。

基準を設定する際のルールは、数値や状態などの具体的な表現にし、誰もが同じ理解になるように意識します。「若い人」ではなく「〇歳から〇歳」、「早め」ではなく「〇月〇日　〇時まで」、「適量」ではなく「〇個」といった表現です。そもそも基準がない、関係者間で基準を共有できていない、もしくは基準を守ろうとしていないなどは、トラブルのもとです。

「イラッ」としたときに、自分の人生にとってどうでもよいことは「まあ許せるゾーン」に入れてしまうほうが、日々を穏やかに過ごせます。「そんなこともある」「そんな人もいる」「『べき』は一人ひとり違う」と思えるようなことは、その場で怒りを手放しましょう。

怒りを手放すことは、決して諦めること、妥協することではなく、もちろん、負けることでもありません。人生においては、自分の貴重な時間を何にどのように使うかが大切であり、自分にとって優先順位が低いと感じることは、時に手放す、切り捨てる勇気も必要です。

特に「べき」は、人それぞれ。これまでの人生、環境、経験によって大きく変わってくるため、人によって違うのが当たり前です。「べき」を戦わせても不毛

行動のコントロール（分かれ道）

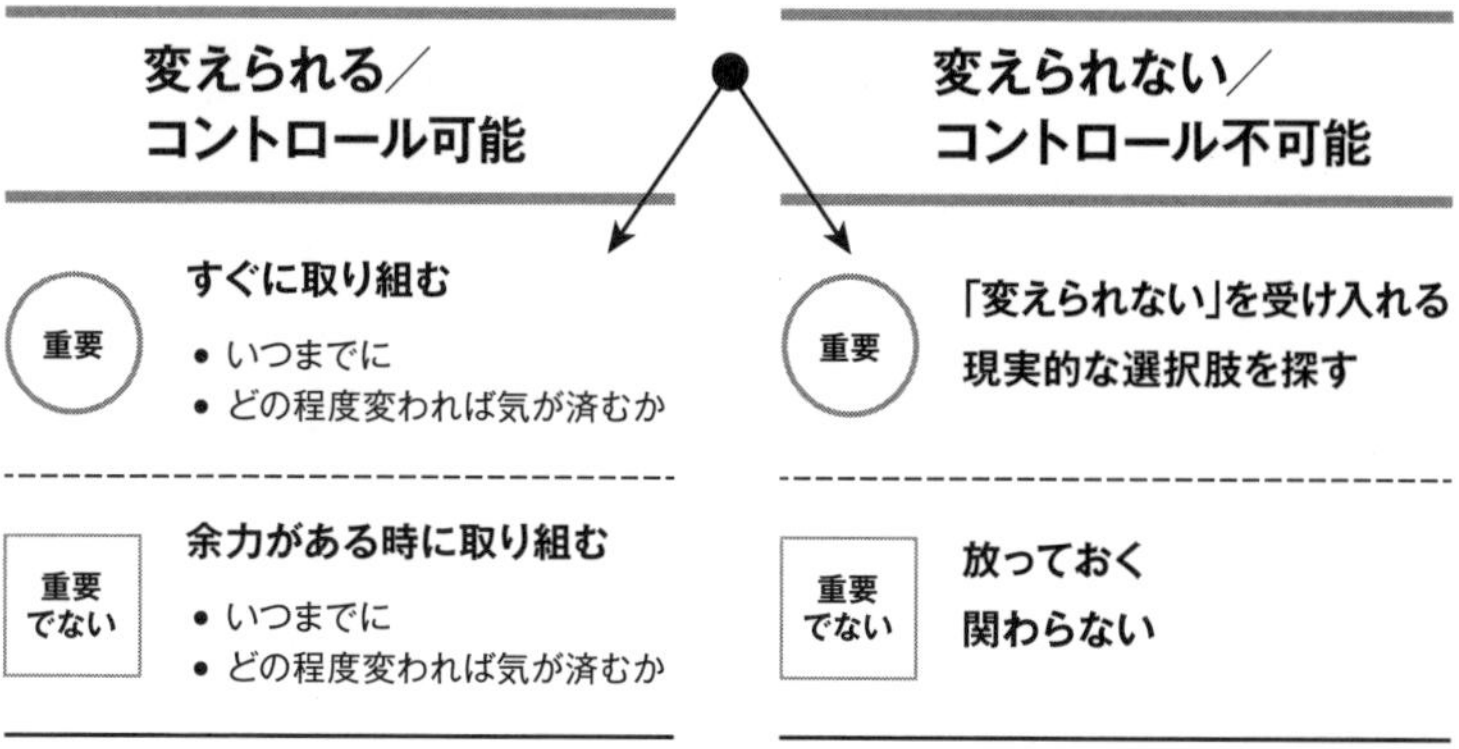

	変えられる／コントロール可能		変えられない／コントロール不可能
重要	**すぐに取り組む** • いつまでに • どの程度変われば気が済むか	**重要**	**「変えられない」を受け入れる 現実的な選択肢を探す**
重要でない	**余力がある時に取り組む** • いつまでに • どの程度変われば気が済むか	**重要でない**	**放っておく 関わらない**

な結果にしかなりません。自分の人生にとってどうでもよいことで不毛な戦いをするのは、時間や労力がもったいないのではないでしょうか。

③行動のコントロール

心の中の三重丸で、どうしても許せない、許容できないと感じる「許せないゾーン」に入る場合、どのように行動するかを決めます。

その状況を自分で「変えられる」のか、「変えられない」のか。「重要」なのか、「重要でない」のかを考えます。どこに入れるのか、その分け方に絶対解があるわけではなく、あくまでも自分が「そう思う」ところで構いません。

A：「重要」で「変えられる」

図の左上に分類されるものです。自分が相手に伝えたり、何らかの行動を起こせば状況が変わるケースです。ポイントは、「すぐに取り組む」こと。さらに、「いつまでに」「どの程度変われば気が済むか」、自分の基準を決めておきます。

職場のプランターに水やりをする仕事を、曜日ごとに当番制にしていたとしましょう。今日の担当者が、自分が当番だということを忘れているような場合、許容するわけにはいきませんが、状況は変えられそうです。

「すぐに取り組む」、すなわち、担当者にすぐに教えてあげれば「あ、忘れていました！ 教えてくれて、ありがとうございます」となり、状況は改善するでしょう。「いつまでに」「どの程度」は、気づいたらその場で相手に指摘し、当番の仕事に取り掛かってもらえれば解決します。

避けたいのは、状況を自分で変えられるのに、変えずに怒り続けることです。「当番だということを忘れているのかしら？ 無責任ね」と心の中でイライラしながらも、「どうして私が教えてあげなきゃいけないの？」と相手に伝えずにいるような状態です。相手に伝えない限り、その人は忘れたままであり、自分のイライラも治まりません。もちろん、水やりの仕事もなされないままです。自分で状況を変えられる場合は、変えるための行動に移すことが大切です。

B：「重要でない」が「変えられる」

図の左下に分類されるものです。自分の力で変えられるけれども、重要ではない事柄は、余力があるときに取り組むようにします。さらに、「重要」のときと同様、「いつまでに」「どの程度変われば気が済むか」、基準を決めておきます。

例えば、自分のデスクの上が散らかっていて集中できないような場合、時間があるときに片づければ、解決します。「今週中に、不要な資料を処分する」など、いつまでに、どの程度片づければ気が済むのか、決めておきましょう。重要でないとはいえ、放置したままだと、気掛かりな状態が続きます。

C：「重要」だが「変えられない」

図の右上に分類されるものです。自分の力では変えられないことを受け入れると同時に、現実的な選択肢を探します。

乗る予定だった飛行機が、悪天候で欠航になったとします。「大事な出張なのに！」と怒ったところでどうすることもできないので、状況を受け入れ、現実的な道を探ります。当日、予約便以外の便は飛ぶのかどうか。飛ぶ場合、何時の便になるのか、振り替えられそうか。飛ばないならば、車や新幹線での移動は可能かなどを、冷静に確認・判断して、速やかに行動に移します。

いつまでも変えられないことに執着していても、状況は改善しません。むしろ、状況が悪化することもあります。そもそもの目的と、そのために今できることは何かを考え、動くことを心掛けます。

D：「重要でない」し「変えられない」

図の右下に分類されるものです。この場合の対応は、「放っておく」「関わらない」ことです。

職場の飲み会で、上司が若いときの自慢話を繰り返してうっとうしい、というような場合です。適当に相づちを打って受け流したり、「ちょっとお手洗いに」とその場を離れるなどして、積極的に関わらないことで、心の中の怒りの気持ちに出て行ってもらいましょう。

このように、腹が立ったときには、次の順に行動に移します。

①【衝動のコントロール】最悪の事態を防ぐ

↓　まずは冷静になるために6秒待つ

②【思考のコントロール】どうしても許せないことかどうかを自分に問う

↓　三重丸の「まあ許せるゾーン」に分類できるかどうかを検討する

③【行動のコントロール】許せない場合、どう行動するかを決める

↓　重要か否か、自分で変えられるかどうかを判断し、行動する

第2章

アンガーマネジメントで心を整理整頓しよう

1 心を縛るさまざまな「べき」

第1章で、私たちは「こうあるべき」という自分の常識に対して、それを否定し、傷つけるものから心を守るために怒っていると説明しました。「べき」は、その人がこれまでの人生、経験から学んできたことで、その時点での「人生の辞書」でもある一方、中には、それを信じることで、自分の首を絞めることにもなりかねない「不毛なべき」「有害なべき」もあります。

その一つは、「心を縛る鎖」とも言い換えられるもので、気づかないうちに自分の行動を制限し、可能性を狭め、希望を失わせてしまう考え方・価値観です。主に、次の4つが挙げられます。

①属性による決めつけ

②「○○だから無理」という諦め
③世間の目・他人の目
④他人の意見・反対

では、一つずつ見ていきましょう。

①属性による決めつけ

性別、職業、学歴、出身地、居住地などの「属性」による決めつけです。「女性（男性）は」「妻（夫）は」こうあるべき、こうあるべきではないという、ジェンダー（性差）による決めつけのほか、仕事上では、「管理職は」「営業担当は」「契約社員は」「大卒は」などの職種や学歴による決めつけもあるでしょう。また、「東京都民は」「日本人は」など、地域や人種による決めつけなども存在します。

例えば、「母親は家庭を最優先すべきだ」といった価値観は、昔と比べると表立って主張する人は減りましたが、まだ多くの人の心の中に根強く存在しています。「父親は家庭を最優先すべきだ」とはあまり言わないことを考えると、「男性は仕事、女性は家庭」と決めつけているかもしれません。自分の親や配偶者などの身近な人がそうした価値観を持っており、それに応えているうちに、最初にあった違和感が消え、次第に自分にとっても当たり前の価値観に育っていくケースもあります。

決めつけ自体は、「そうした考え方を持つ人がいる」というように理解することもできます。しかし、それを超えて「その考え方が正しい」として従うようになった結果、自分の可能性を狭めることにつながってしまうのであれば、それは「不毛なべき」「有害なべき」だと言えるでしょう。「その考え方に従わないなんて、あの人はおかしい」と、自分を縛っている「べき」こそが正しいと信じ込んでしまうのは問題です。

②「○○だから無理」という諦め

「どうせ私は〜だから」という諦めの気持ちです。例えば、「どんなにがんばったところで、どうせ私は一流大学を出ていないから、管理職になんてなれない」というような捉え方です。

「時間がないので無理」「お金がないのでできない」「美人でも頭がいいわけでもないので、努力してもムダ」「知り合いがいないので難しい」「今さら無理」などのほか、「まだ若いから」「もう歳だから」というように年齢で制限を設けてしまうこともあります。そして、「だから、したいことができない」という否定的な結論に至るのです。

③ 世間の目・他人の目

世間の人から、あるいは家族や友人、恋人、上司、同僚などの身近な人から、否定的に思われるのではないかと思う気持ちです。実際に、誰かに何か言われたわけではなく、そもそも自分が相手に「どう思う?」と尋ねたわけでもないのに、「きっと反対される」「認めてくれるはずがない」「そんなのおかしいと言われるだろう」「非難されそうだ」などと先回りして決めつけてしまいます。

中には、「きっと相手から心配されると思う。心配はかけたくない」という気持ちから、諦めるケースもあります。

④他人の意見・反対

③の「世間の目・他人の目」が、何か言われたわけでもないのに自分から先回りして諦めるのに対し、「他人の意見・反対」は、誰かから実際に意見を言われるケースです。

「そうしてほしくない」「そんなことをする意味があるの？」というような、否定的な言葉、反対意見を言われ、中には、「そんなことは一切認めない」「きっとうまくいかない」「世の中そんなに甘くない」「あなたにできるはずがない」「絶対許さない」など、強めの言葉で否定されるケースもあります。

それに対して、「相手に理解してもらえるように説明しよう」と考えるのではなく、「諦めなければならない」と自分を縛ってしまうのです。

「不毛なべき」「有害なべき」は、「何かをしたい」という気持ちに歯止めをかけ、行動を阻害します。そして、実行に移されないため、「できた」という自信や幸福感を得られません。

「やりたくてもできない」が繰り返されるうちに、何かに挑戦しようという気

よくない循環

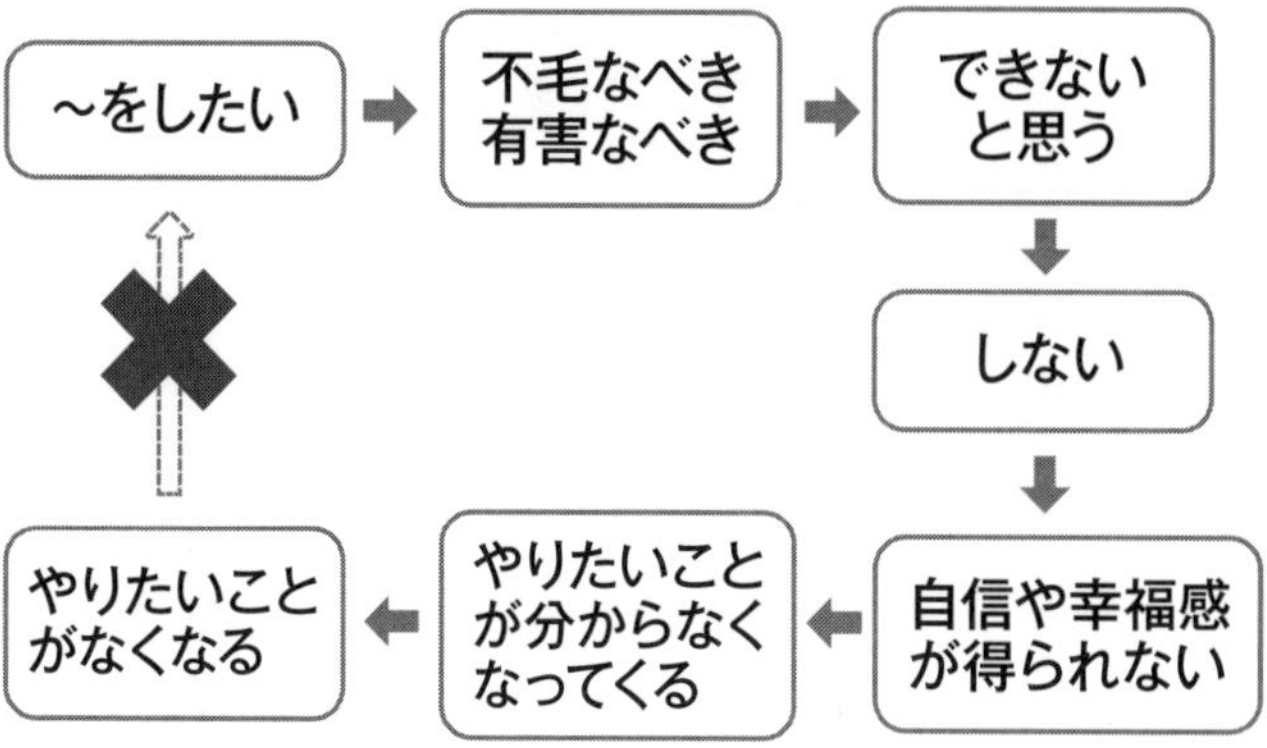

持ちが、だんだん抱けなくなっていきます。「何かをやりたいと思ってもムダ」と感じるようになるからです。ムダなので「やりたい」と思わないようになり、そのうちに、やりたいことが分からなくなってきます。そして最終的には何もやりたくなくなってしまうという、上図のような「よくない循環」に陥ってしまうのです。

2 「べき」の背景を考えてみる

「べき」は、その人の人生や経験から学んできた「人生の辞書」である一方、「心を縛る鎖」ともいえる「不毛なべき」「有害なべき」も存在すると説明しました。では、なぜ「不毛なべき」「有害なべき」が生まれ育ったのでしょうか。その価値観の背景に思いを巡らせてみましょう。

「不毛なべき」「有害なべき」を支持するかどうか、また、どの程度支持するのかということは、すべて自分で決めることができます。背景を理解することで、「この価値観は手放そう」と思えるようになるかもしれません。

「属性による決めつけ」の背景

性別や職業などの属性による「こうあるべき」「こうあるべきではない」とい

う決めつけは、元々は誰かの経験や考え方などから生まれたと考えられます。先の「母親は家庭を最優先すべきだ」であれば、母親が家庭を最優先することにより、家庭円満になったり、経済がうまく回ったりした成功体験から導き出された価値観ともいえます。

しかし、その人にとっての「正しさ」は、あくまでも個人の意見にすぎません。属性による決めつけで、何かを我慢したり制限したりして後悔するよりも、自分がやりたいことを実行する方向で考えたほうが心身の健康につながるでしょう。

「『〇〇だから無理』という諦め」の背景

心理学でいう「合理化」とは、言い訳をすることで、しなかったこと、できなかったことを正当化することを指します。

イソップ童話の「すっぱいブドウ」の話はご存じですか？ お腹を空かせたキツネが、木に実ったブドウを取ろうとして、懸命に飛び上がって手を伸ばします。しかしブドウには手が届かず、キツネは「どうせすっぱいブドウだから、いらないさ」と負け惜しみを言うお話です。

これと同じで、「○○だから無理」と諦めることは、そう思うことによって、やる必要がない、やってみてうまくいかなかったとしても仕方がないという「免罪符」的な役割を果たしているとも考えられます。自信がないのかもしれないし、本当はそこまで「やりたい」と思っているわけではないのかもしれません。

するもしないも本人の自由ですが、できる方法を考えてやってみるという手もあります。もし、やってもできなかったら、「失敗は成功のもと」と考えればよいのです。

「世間の目・他人の目」の背景

世間から否定的に思われるのではないかという気持ちから、何かを諦めてしまうのは、もしかしたら、これまで「条件つきの愛」の環境にいたからかもしれません。

「条件つきの愛」は、「○○したら、愛が与えられる」「○○しなかったら、愛が与えられない」という、相手の期待に応えないと愛されないというものです。

例えば、親から「よい子にしていれば、おもちゃを買ってあげる」「テストで満点を取らなければ、うちの子とは認めない」などと言われ続けてきた状態です。

こうした環境下にいると、自分の要望よりも、相手に認められ、愛されるためにどうすればよいかを考え、相手からの条件に従うという選択を重ねます。

そして、大人になってからも、常に相手の期待に応えないと「愛されないのでは」「見捨てられるのでは」という恐怖から抜け出せません。

「他人の意見・反対」の背景

誰しも人から反対されると、ひるんだり、意志が揺らいだりするものです。それが家族のような身近な人であれば、なおさらのことです。

しかし、考え方や価値観は一人ひとり違います。たとえ、相手があなたを心配して口にした言葉であっても、それはあくまでも相手の意見。他人の意見やアドバイスは、ありがたく聞いて参考にしながらも、決めるのは自分ということを再確認しましょう。他人の人生ではなく「自分の人生」なのですから。

3 「よくない循環」から「よい循環」へ

ここまで見てきたように、「不毛なべき」「有害なべき」の背景には、次のような気持ちがあります。

・**愛されたい気持ち**
相手の期待に応えることで、受け入れられたいと思う気持ち

・**認められたい気持ち**
相手に自分が価値のある存在だと認められたい気持ち（承認欲求）

・**安全でいたい気持ち**
これまでと変わらないことで、自分を守りたい気持ち

こうした気持ちは、すべての人が多かれ少なかれ持っているものですが、強くなり過ぎると、心の健康を阻害してしまいます。

自己犠牲で相手を支配する

愛されたい気持ち、認められたい気持ちが高じると、自分が犠牲を払うことで、相手を支配しようとする方向に行くことがあります。犠牲を払うこと、すなわち「不毛なべき」「有害なべき」により自分の行動を制限し、可能性を狭めることで、それと引き換えに愛情や承認を手に入れようとするのです。

代表的なものが、母親が子どもに「お母さんは、あなたを育てるために、自分のやりたいことを我慢してきた。だから、あなたはお母さんの言うことを聞くべき」というケースです。「こんなに犠牲を払って尽くしているのだから、それに応えて当然」というロジックで、支配を正当化するのです。

「毒親（toxic parents）」という言葉があります。これは、アメリカの医療関係コンサルタントであるスーザン・フォワードが名づけたもので、子どもの人生を支配し、子どもに対して害悪を及ぼす親のことを指しています。

本当は、「尽くしている」のも、「やりたいことを我慢」したのも、その人自身が選択した行動です。そのために相手が言うことを聞かなければならない筋合いはありません。相手の選択した行動は、言うまでもなく相手の自由です。

けれども、相手が弱い立場だと、要求を受け入れざるを得ません。子どもは親の庇護《ひご》のもとで育ち、子どもにとって親はルールブックのようなものだからです。子どもなどの弱い立場の人が、親など強い立場の人の言うことを聞くことで、後者は自分の力が及んでいることに満足し、支配関係が続きます。しかし、健全な人間関係とは、自分も相手も主体性を持ち、支配したりされたりしない関係であることは明らかです。

異なる意見は否定ではない

自分の考えに反論されたり、反対意見を述べられたりすると、あたかも自分自身の存在や人間性を否定されたかのような気持ちになってしまうことがあります。しかし、人はそれぞれ違う考え方・価値観を持っているものです。たとえ相手が自分の考えや意見に賛成しなかったとしても、自分の存在が否定されたり、傷つけられたりするわけではありません。自分の存在価値を軽んじられているわけでもありません。

逆もまたしかりで、誰かの意見に対して、自分が「そうは思わない」と言ったとしても、相手の存在や人間性を否定しているわけではありません。

むしろ、異なる意見を自由に言い合えるほうが健全であり、お互いの存在を認め、尊重しているといえるでしょう。わざわざ「不毛なべき」「有害なべき」で自分を縛り、相手を支配するという不健全な方法を取る必要はありません。

自分から人を愛する、認める

人は誰しも「愛されたい」「認められたい」と思っていますが、なかなか満たされないものです。なぜなら、相手に求めるばかりで与えようとしない、自分から人を「愛する」「認める」人が少ないからです。

多くの人は「相手が自分を愛し、認めるのなら、自分も相手を愛したり、認めたりしてもよい」という考えを持っています。自分から与えて、相手に拒否されたら嫌だからです。

しかし、お互いに待っているだけでは状況は変わらず、いつまでもそのままです。自分が、自分も人も「愛する」「認める」人になればよいのです。

なお、「安全でいたい」という気持ちは、変化で失うものを恐れることに由来しますが、変化を恐れるのではなく、変化により新しく得られる側面にフォーカスするとよいでしょう。

左ページの図のように、「不毛なべき」「有害なべき」がない状態では、「何かをしたい」という段階から実行段階（してみた）へ、スムーズに移ります。

もちろん、してみたけれども「できない」こともあります。このとき、諦めずに何度も挑戦するうちにできるようになると、自信や幸福感につながります。

心理学者のバンデューラによると、自己効力感を高める要因で、最も高いものは「直接の成功体験」です。成功体験が自信につながり、前向きな気持ちになり、さらにやりたいことを発見して、実行に移すという「よい循環」につながっていくのです。

よい循環

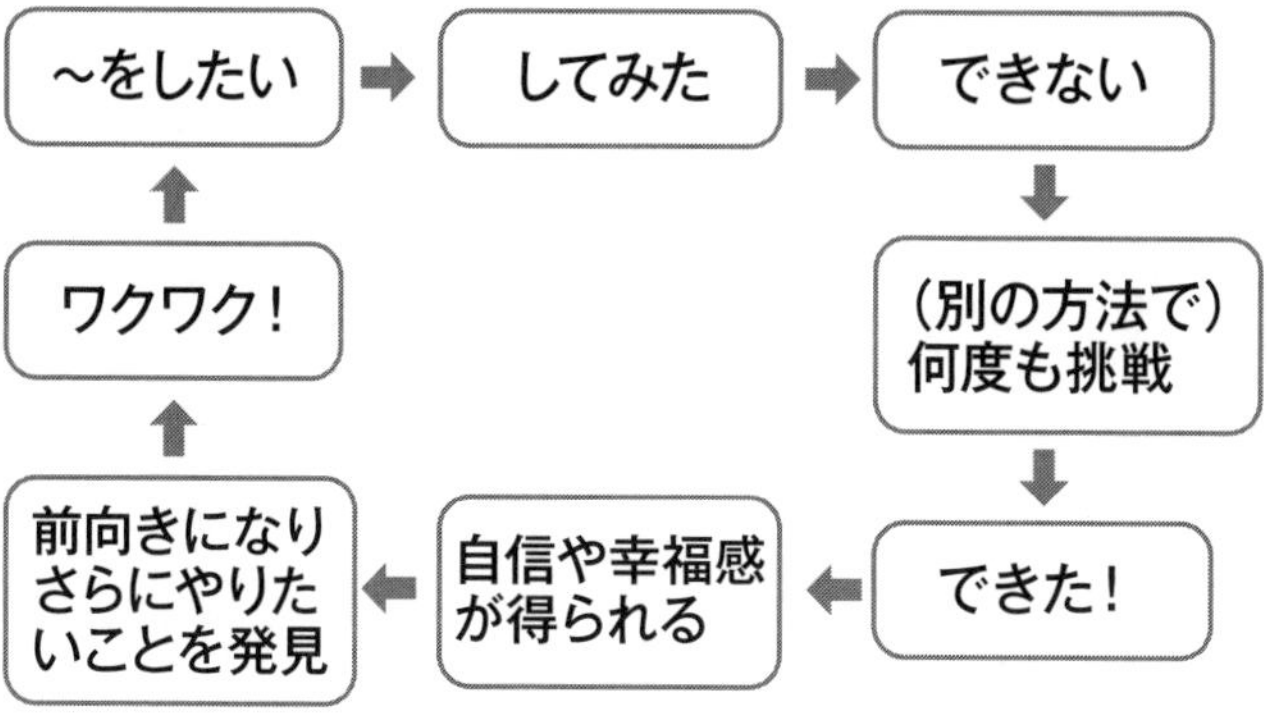

自分の中に「べき」が生まれた背景を理解したうえで、あなたがその価値観をどの程度支持するか、もしくは手放すかは、すべてあなたのコントロール下にあります。

先の「母親は家庭を最優先すべきだ」であれば、「家庭を最優先する」には完全同意できないけれども、「家庭をできるだけ優先する」ならば支持できる、というように考えるのは、すべてあなたの自由なのです。

4 自分の人生のハンドルを握るのは自分

「怒る」も「怒らない」も、自分が選択した結果

自分の心の中の「不毛なべき」「有害なべき」は、これまでの人生において、身近な人たちから繰り返し聞かされてきたことで、形作られたのかもしれません。また、その人たちも、その「べき」のルールに則って生きてきたため、疑問を抱くこともなく、当然のこととしてあなたに求めた可能性もあります。

このような「べき」は、いわばあなたの血肉のような存在で、簡単に切り離すことはできません。けれども、これからよりよい人生を送るためには、一刻も早く手放したほうがよいでしょう。そうした「不毛なべき」「有害なべき」を手放すのに役立つのが、アンガーマネジメントです。

アンガーマネジメントにおいては、主語は常に「自分」です。すなわち、「誰か」

もしくは「何か」が自分を怒らせているのではなく、「自分が」怒っていると捉えています。怒るときは、自分が怒るという選択をし、実行しているという解釈です。

「イライラ」や「腹立たしい」という感情は、自然に発生するものです。しかし、そこで「ちょっと待って。なぜ私はイライラしているの？　その解釈は本当に正しいの？」と立ち止まり、冷静に考えることは可能です。すなわち、あなた以外の人は、誰もあなたを怒らせたり、怒らせ続けたりすることはできないのです。

これは、とてもよいニュースだと思いませんか？　なぜなら、自分が怒ることを選択し、実行しているのなら、逆に、自分で怒ることを選択せず、実行しないこともできるからです。自分のコントロール下にあることは、自分で好きなように動かすことができます。もし、自分のコントロール下になければ、「誰か」「何か」に自分が操られてしまいます。

同様に、誰かから「お前のせいで腹が立った」「〇〇さんのせいで怒っているのよ！」などと言われた場合、確かにあなたは怒りのきっかけになったのかもしれません。しかし、怒り続けているのは、その人が選択した行動です。つまり、あなたが怒らせ続けているわけではないのです。

「不毛なべき」「有害なべき」も、結局のところ、あなたがそれを選び、それに基づいて動いているのです。誰かに決めつけられたり、否定的な意見を言われたとしても、拳銃で脅されでもしない限り、従うかどうかはあなたが選べます。

あなたがこれから行動しようとしていることに対して、「そんなことをする意味あるの？」「絶対うまくいかない」と思ったり、口にしたりするのは、相手の自由です。相手のこれまでの環境、経験、人生から判断してそう思うというだけで、あくまでも、その人の意見です。

あなたの人生のハンドルを握っているのはあなたであって、他の誰でもありません。相手にとっては意味がなくても、あなたにとっては意味があるかもしれないし、「うまくいく・いかない」というのも、一つの見方にすぎません。

世の中には、人から「うまくいかない」と言われても実行し、うまくいった事例は山ほどあります。成功者が「誰もうまくいくとは思っておらず、皆から反対されました」と話しているのを聞いたことはありませんか？

人はあくまでも自分の「辞書」に照らし合わせて物事を判断するので、他人の辞書があなたの辞書と違っているのは当然のことです。そして、あなたの辞書も、他の人の辞書も、随時更新されているのです。

「不毛なべき」はリフレームする

あなたの行動を制限し、可能性を狭め、希望を失わせてしまう考え方・価値観である「不毛なべき」「有害なべき」はリフレームしてしまいましょう。「リフレーム」とは、物事を見るフレーム（枠組み）を変える、見直すということです。同じ事象でも、解釈の仕方によって意味が変わってきます。

例えば、「失敗」という言葉があります。「失敗」の国語的な意味は「やり損なうこと、よい結果が得られないこと」で、ポジティブな意味合いはありません。一方、「失敗は成功のもと」ということわざもあります。失敗の原因を解明し、改善すれば成功につながるという意味で、失敗をポジティブに捉えています。研究者や事業家は、しばしば、失敗を成長の材料として捉えていますよね。

つまり、仕事などで失敗してしまったとき、「失敗してしまった。もうダメだ」と落ち込むのではなく、「失敗は成功のもと」という言葉を思い出して、「この失敗は、成長につながるだろう」とポジティブな解釈にリフレームすればよいのです。

あなたの「不毛なべき」「有害なべき」をリフレームする際は、「どのように考えたら、自分にとっても周りの人にとっても、長期的に健康的でいられるか」という観点から考えます。

例えば、先ほどの「母親はこうあるべき」について考えてみましょう。「母親は家庭を最優先すべきだ」というのは、第三者の価値観です。あなたは、その第三者の価値観に従う必要はなく、代わりに、自分にとっても周りの人にとっても、長期的に健康的でいられる方向を検討します。そのうえで、「母親は家庭を大切にするとともに、自分の幸せや楽しみも追求すべき」とリフレームすればよいのです。

第3章

上手な自己主張「アサーティブ」

1 「察する」を重視する日本人

日本人は言葉で伝え合うのが苦手

第2章で、「異なる意見を自由に言い合えるほうが健全であり、お互いの存在を認め、尊重しているといえる」と述べました。しかし、コミュニケーションが苦手、特に、自分と違う考え方・価値観の人とのコミュニケーションは苦痛なだけだという人も、少なくないと思います。

でも、それは当然です。そもそも日本では、自分の気持ちや考えを積極的に伝え合うことを推奨してきませんでした。むしろ、言わなくても分かる「以心伝心」が重んじられてきたため、言葉で伝え合うコミュニケーションを苦手とするのは、当たり前なのです。

また、これまで、同じグループには、似たような考え方・価値観を持つ人ばかりが属していました。そのため、異なる考え方・価値観の人たちとの接し方は、ほとんど学んでいません。均質性の高い社会や、閉じられた村社会においては、わざわざ言わなくても分かる人たちが「身内や仲間」であって、それ以外の「よそ者」は受け入れないという文化だったからです。

伝えなければ、分からない

そのため、私たちは互いの気持ちや要望を伝え合うことに慣れていません。疑問点を質問すると「わざわざ言わないと分からないのか」と怒られ、念のため伝えると「いちいち言われなくても分かっている」と怒られることも多々あります。

さらに、以心伝心に加えて「空気を読む」「気遣う」「気が利く」ことにも価値を置いてきました。特にサービスを提供する側や部下、家族などに対しては、「口に出さなくても通じる」ことを暗に求めてきました。

「あれを取って」と言えば、「あれ」が何か分かる。もしくは、「あれ」と言わなくても、目を見ただけで、言いたいことを察する。さらには、目を見なくても、たとえ本人が忘れていても「あれ、持ってきますね」と先回りして動くなど、ある意味、超能力者的な対応が評価されてきたのです。

これに対して、アメリカなどの諸外国では、背景として持つ歴史や文化、宗教などが人それぞれ異なるため、基本的に「言わないと分からない」が前提となっています。正確に伝えることに価値を置き、伝えていないこと（言っていないこと、書いていないこと）は、相手には分からなくて当然という考え方です。

また、疑問点は相手に聞かないと分からないとも思っているので、気になる点は細かいことまで聞き、納得するまで何度でも確認することも珍しくありません。日本人にとっては、「わざわざ言わなくても(聞かなくても)分かるでしょう」と思われることでも、正確に伝え合うことを重要視しているのです。

これまでは均質性が高いとされていた日本ですが、外国人居住者が増えたり、世代間ギャップが広がったり、価値観や考え方の違う人と一緒に過ごす機会が増えています。そもそも、男女の性差や年齢、国籍などの前に、一人ひとり違う人間です。伝え合わないと分からないことのほうが多いのです。

図のように、お互いに「察してほしい」と思い、言葉で伝えないから、伝わらない。その結果、「察しない相手が悪い」と感じてイライラしてしまいます。

ありがちな日本人

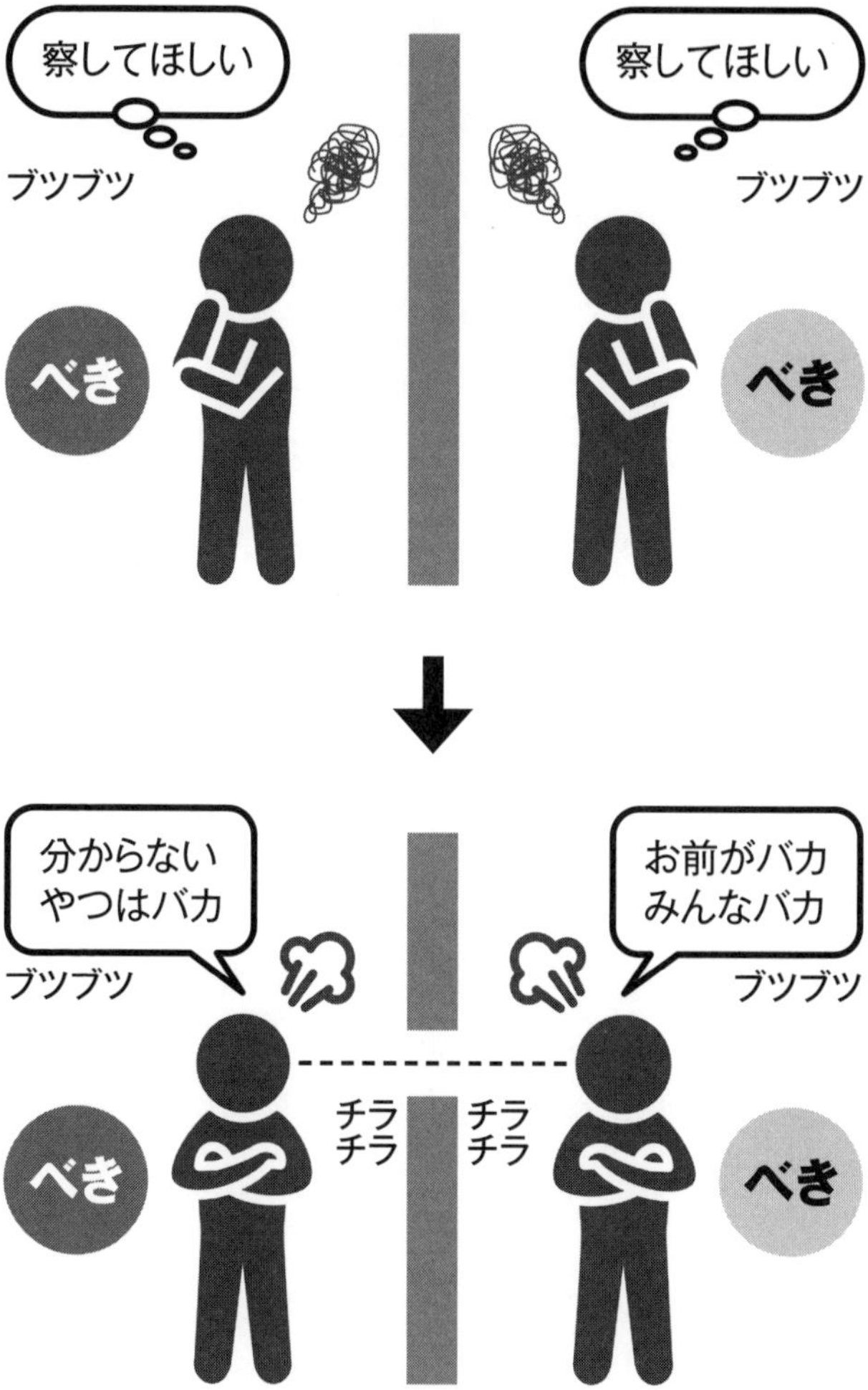
察してほしい
察してほしい
ブツブツ
ブツブツ
べき
べき
分からない
やつはバカ
お前がバカ
みんなバカ
ブツブツ
ブツブツ
チラ
チラ
チラ
チラ
べき
べき

2 言えば伝わるわけではない

「伝えたいこと」と「伝わること」

私たちはまず、「いちいち言わなくても分かって当然」という考え方を改める必要があります。家族や身近な人であっても、大事なことや、相手に正確に伝わっていないと感じる場合は、いちいち口に出して伝えていきましょう。

ところで、「伝える」と「伝わる」は別のものです。あなたは「伝えた」と思っていることも、相手に正確に伝わっているとは限りません。

例えば、経理の担当者が、「今日が締め切りの清算書、全員が提出していません」と言った場合、「誰一人として提出していない」という意味にも取れるし、「全員の分が揃っていない（出した人も、出していない人もいる）」という意味にも解釈できます。さらに、未提出の人に提出を促しているのか、ただの報告なのか、聞く相手によって受け取り方も異なりそうです。意図を正確に伝えるためには「今日が締め切りの清算書、まだ全員分揃っていません。提出していない人は、午後4時までに出してください」などと言ったほうがよいでしょう。

このように、「伝えたいこと」と「伝わること」には差があります。また、同じ言葉でも、人によって意味づけが異なり、ズレや誤解が生じます。

「今日のお昼はさっぱりしたものを食べに行きましょう」と言ったとき、「さっぱりしたもの」のイメージは、人によって異なります。冷や奴やそうめん、ざるそばをイメージする人もいれば、冷しゃぶやとんかつをポン酢と大根おろしで、という人もいるでしょう。

同様に「スタイリッシュなウェブサイトを作ってほしい」「親しみのあるデザインにしてほしい」「キュートな髪形にしてほしい」などの要望も、言っている側と聞いている側のイメージが重なっているとは限りません。「こんな感じ」と具体的なサンプルを挙げて説明し、イメージをすり合わせていく必要があります。

思い込みが招く誤解

言葉は、伝える側の意図を超えて、聞く相手に多様なイメージを想起させます。

例えば、あなたが掃除をした場所を指して、夫が「ここ、掃除した？」と聞いたとします。相手の意図することが「単なる事実の確認」なのか、「掃除が足りないという非難」なのか、もしくは「掃除したことへの感謝」なのか、あなたは夫の表情や口調、日頃の言動などから判断します。しかし、その判断が常に正しいとは限りません。

「ここ、掃除した？」と聞かれた際に、「それはどういう意味？」と意図を確認すればよいのですが、そうせずに、自分の判断が正しいと思い込んでしまうことがあります。相手が「感謝」の気持ちで口にした言葉を、あなたが「非難」と思い込んでしまうと、誤解から人間関係が悪化することもあるでしょう。

これは、自分が伝える側でも同じで、相手が誤解してしまったことに気づかず、すれ違った状態のままでいることもあります。いちいち聞かない文化を生きる私たちは、お互い確認せず、自己流の解釈をし、思い込みで怒ったり落ち込んだりしていることが多々あるのです。

3 アサーティブの考え方

アサーティブとは

一人ひとり「べき」が異なり、「以心伝心」を重視して言葉で伝え合わない文化的背景があり、さらに、言葉で伝え合ってもズレが生じる可能性があることが、コミュニケーションを難しくしていると理解できました。まずは、このようなコミュニケーションを阻害する要因を認識することが、よりよいコミュニケーションへの第一歩といえるでしょう。

さらに、自分の気持ちや意見を相手に上手に伝えるために、「アサーティブ」の考え方が参考になります。

アサーティブは、アサーション、アサーティブネスとも言われる、自分も相手も尊重するコミュニケーションの手法です。１９５０年代のアメリカで、対人関係で悩んでいる人や自己表現が苦手な人のためのカウンセリングの方法として開発されました。その後、1970年にロバート・アルベルティとマイケル・エモンズによる「Your Perfect Right（あなたの完全な権利）」というアサーティブの本が出版され、広く知られるようになりました。

当時のアメリカの人権運動の中で、アサーティブは、その考え方、すなわち「誰でも自分の意見を表現する権利がある」ということが支持を得て、有効な手法として普及していきました。アサーティブは、「自分の気持ちや意見を、相手の気持ちも尊重しながら、誠実に、率直に、そして対等に表現すること」（アサーティブジャパン）と説明されています。

アサーティブの4つの柱

アサーティブの4つの柱として、「誠実」「率直」「対等」「自己責任」が挙げられています。

・**誠実**

自分に対しても、相手に対しても正直で、誠実であること。

・**率直**

遠回しな言い方ではなく、相手に率直に伝える。また「皆がこう言っています」「一般的には○○ですよね」という第三者を引き合いに出した言い方ではなく、「私はこのように思います」と自分のこととして話す。

・**対等**

たとえ相手が上司など上の立場であっても卑屈にならず、相手が部下など下の立場であっても上から目線でなく、人間として対等に接する。

・**自己責任**

自分が言ったこと、言わなかったことの責任は、自分が引き受ける。

自己表現3つのタイプ

また、アメリカの心理学者ウォルピーは、自己表現の3つのタイプとして、「自分だけを尊重するタイプ＝攻撃的」「相手だけを尊重するタイプ＝非主張的」「自分も相手も尊重するタイプ＝アサーティブ」と分類しています。

・攻撃的（自分だけを尊重するタイプ）

自分の意見を主張することに重きを置き、相手の言い分や気持ちを無視して、自分を押しつけます。相手に負けたくない、間違いを指摘されたくないという気持ちが強く、過剰な自己主張をします。

また、「あなた」を主語にした「ＹＯＵメッセージ」で、相手を責めます。

〔例〕なんであなたは、何度言っても分からないの？

あなた、おかしいいんじゃない？

君は、本当に使えないな。

・非主張的（相手だけを尊重するタイプ）

相手との関係が悪くなることを恐れて、相手の意見に合わせてしまい、自分の意見を伝えることができません。相手から「嫌われたくない」という気持ちが根底にあり、意見を言う場合も遠回しな言い方や自信のなさそうな言い方をします。

なお、家（プライベート）では「攻撃的」なのに、外（職場や学校）では「非主張的」な内弁慶のタイプもいます。

・アサーティブ（自分も相手も尊重するタイプ）
自分も相手も大切にする、適切な自己表現です。「私」を主語にした「Ｉメッセージ」で、自分の気持ちや考えを伝えます。

〔例〕私は、こうすればよいと思います。

　私は、その意見に賛成です。

　私は、このように言われて悲しかった。

アサーティブを身につけよう

攻撃的な言い方をアサーティブに言い換える

攻撃的な言い方は、自分より下の立場の人や、家族などの親しい相手に対して使うことが多いはずです。

ここで、次の攻撃的な表現をアサーティブに言い換えてみましょう。

「使ったコップは棚に戻してよ。なんで何度言っても分からないの」

〔アサーティブ表現の例〕

使ったコップが棚に戻されていないと、私は悲しい。

使ったコップを自分で棚に戻してくれると、私はうれしい。

「約束の時間ギリギリに来るなんて、あなた、普通じゃないよ。おかしいよ」

〔アサーティブ表現の例〕

私は、約束の時間の5分前には集合してほしかった。

約束の時間の5分前には集合することを、私は望みます。

「すぐメールに返信してよ。あなたって、本当に使えないのね」

〔アサーティブ表現の例〕

私は、メールの返信がなくて不安だった。

すぐにメールに返信してくれると、私は助かる。

アサーティブ表現では相手を否定したり、非難したりするのではなく、相手の言動や態度によって自分はどう感じるのか、自分の気持ちを伝えます。さらに、自分はどうしてもらえるとうれしいのか、要望を具体的に伝えるとよいでしょう。

自分が「普通」と思っていることは、相手の「普通」とは違うものかもしれません。同様に、「おかしい」や「使えない」などもあくまで自分の尺度であり、こうした表現は相手を不快にさせるうえ、何がおかしいのか、どうすればよいのかも分かりません。

自分が相手から攻撃的な言い方をされる場面を想像してみてください。言われる側はネガティブな気持ちになるうえに、相手が具体的に何を求めているか分からず、改善のしようがありません。相手を責めたり、否定したりする言い方ではなく、自分の気持ちや要望を伝える言い方に改めると、相手の気分を害することなくスムーズにコミュニケーションが図れます。

非主張的からアサーティブへ

攻撃的な言い方をアサーティブな言い方に変えるのは、意識すれば比較的取り組みやすいものです。しかし、非主張的からアサーティブに変えるのは、少し難しいかもしれません。

非主張的になるのは、自分より上の立場の人や、自分より上だと思っている人、親しくない人に対することが多く、職場や家の外におけるケースが目立ちます。これまで自己主張を控えめにしてきたのに、急に自分の気持ちや要望を率直に伝えたほうがよいと言われても、少しハードルが高いと感じるかもしれません。

けれども、何も言わなかったり、曖昧な言い方をしたりして相手に伝わらなかった場合、問題は解決しません。心の中に怒りが溜まることも少なくありません。相手を恨んだり、誰かに八つ当たりしたり、自分を責めたりしがちです。

そして、あるとき蓄積された怒りが爆発して、離婚や退職などの重大な事態を引き起こすことになりかねません。本人は「もう我慢の限界! これ以上は耐えられない」と思っていても、周囲は、その人がいつ、何を、どう我慢し、耐えてきたのかまるで分からず、「突然キレた」「急に辞めるなんて、責任感のない人ね」などと思われてしまいます。

「できる範囲」で対応する

非主張的で怒りを溜めやすい人は、「不毛なべき」を抱えていることが少なくありません。「不毛なべき」は手放したほうがよいのですが、急に手放すのも難しいものです。その場合は、「無理のない範囲で」「無理せずできることなら」などの言葉を付け加え、その範囲を具体的に決めます。

例えば、「上司からの依頼は断るべきではない」「お客さまの言うことには従うべき」といった「べき」が、もし、自分の行動を制限し、言いたいことを言えなくしているのなら、「上司からの依頼は（無理せずできることなら）断るべきではない」「お客さまの言うことは（できる範囲で）従うべき」というように、カッコ書きを加えてみるとよいでしょう。

ただし、非主張的なタイプの場合、実際には無理なのに、「明らかに無理とは言えないかもしれない」「がんばればできるかもしれない」と、「無理のない範囲」を広げてしまう傾向があります。少しでも迷ったら、「無理」の範疇《はんちゅう》に入れるように心掛けましょう。そして、「できる範囲」を超えると思ったときには、我慢せず、思い切って断るか、条件を付ける、代替案を出すなどの対応をします。

例えば、家の用事があるのに、上司から急な残業を頼まれた場合、無理して対応するのではなく、次のように答えるとよいでしょう。

・断る

「申し訳ありませんが、今日は家の用事があるので残業はできません（難しいです）」

・条件をつける

「申し訳ありませんが、今日は家の用事があるため、18時には会社を出なければなりません。できるところまでとさせていただけますか」

・代替案を出す

「申し訳ありませんが、今日は家の用事があるので、明日の午前中に対応しようと思いますが、よろしいでしょうか」

断れず、何も言わずに引き受けた場合、元々の用事を遂行することができず、家族から責められるかもしれません。さらに「実は、そこまで急ぎの仕事ではなかった」となると、不満が募ります。

心の中で「今日は早く帰らなければならないのに」とか「こんなに我慢しているのに」といくら悲鳴を上げても、言葉にして伝えない限り、上司には分かりません。上司からすると、知らないうちに恨まれたり、突然「もう我慢の限界だから、辞める」と言われたりするのなら、都合の悪いときは正直に言ってほしいと思うでしょう。

仮に「用事があるので残業はできません」と、上司に伝えたところ、「えっ、無理なの？」「大事な用事なの？　どうしても無理？」などと食い下がられたとしても、「あらかじめ決まっていたことなので」と答えればよいのです。

「急に頼んでごめんね」と言う上司もいれば、「当てにしていたのになあ」などとブツブツ言う上司もいるでしょう。納得するのも、文句を言うのも上司の自由です。あなたは、「はい、申し訳ありません」で片づくケースがほとんどです。

「相手に合わせないといけない」という思い込みを手放し、「相手の依頼を断りづらい」という状態から脱却するために、自分の事情や気持ちなどを、相手に伝えてみるのです。うまく言えなかったとか、ちゃんと伝わっているようには感じられないということもあるでしょう。しかし、そもそも言葉で伝える文化で育っておらず、伝える練習もしてこなかったのだから、それが普通です。

自己主張することは、恥ずかしいことでも、出過ぎたことでもありません。相手の反応を不安に思ったり、自分の変化に戸惑うかもしれませんが、まずはトライしてみてください。

第4章

男女で違う怒りのツボ

1 「能力」の証明を重視する男性

怒りは、自分の「べき」を否定するものから自分を守る役割を果たしています。「べき」は、その人が生まれ育った環境や、それまでの経験によって、一人ひとり違います。また、男性と女性でも異なります。それは、男性と女性では、周囲からの期待が違うためです。

なお、第4章で紹介する男女の性差による価値観と、そこから派生する怒りは、あくまでも代表的な事例です。すべての男性・女性がこのとおりであるわけではありません。「男性」「女性」としてひとくくりにしても、世代や地域、これまでに受けてきた教育や家庭環境など、さまざまな要因により、人の価値観はそれぞれ異なります。「男性」「女性」には、こうした傾向があるという視点で捉えてください。

「能力」の証明を重視する

男性は、伝統的な役割として、次の3つを求められてきました。

- 仕事をしてお金を得ること
- 人を助けること
- 社会の役に立つこと

世の中にはたくさんの仕事があり、多様な能力が求められています。個々が携わる仕事において高い能力を発揮することが、男性の価値につながります。

高い能力を発揮し、優れた仕事ができれば、条件のよい仕事が選べ、高い報酬を得ることができます。人に真似できないような、ずば抜けた能力を持っていると、人を助け、社会の役に立つことにもつながります。こうしたことから、男性にとって重要なのは「自分の能力の高さを証明すること」です。

自分が持つ何らかの能力で、人を助け、社会に役立ち、評価・称賛されたい。そして、できればナンバー1になりたい。それは、競争社会においては、ナンバー

1だけが選ばれ、生き残れるからです。多くの場合、2番手以下は選ばれず、生き残ることができません。たとえ選ばれたとしても、ナンバー1とは、その地位に大きな差があります。

また、男性は「縦」や「上下」を意識します。業界何位、部長・課長といったポジションだけでなく、優れているか劣っているか、強いか弱いか、自分より上か下かなどが気になります。そして、自分が「上」だと認めている人の指示、もしくはプロや専門家からの助言には耳を傾けますが、自分が認めていない人、自分より下だと思っている人からの指示・助言は、基本的に嫌がります。「お前から命令される筋合いはない」「余計なおせっかいだ」と感じるのです。

「人からの助けは屈辱」という価値観

そして、男性が能力を証明する際に重要視するのは、自力で完遂できることです。人の手は借りず、むしろ、自分が他人を助けることを大切に考えます。それは「自分は能力が高く、優秀で、余力があり、強いから、人を助けられる」というロジックです。

逆に、人から助けを得なければならないのは、能力が低く、他人より劣っていて、余力がなく、弱いからであり、大人の男性としては屈辱的だと思う人も少なくありません。何らかのトラブルが発生しても、それを人には知られたくないし、一人で秘密裏に解決したいと考えます。

一番恐れるのは、「失敗」や「挫折」です。自分の能力が足りず、うまくいかなかったり、期待外れに終わったりすることは、どうしても避けたいと思っています。

認められていないと感じると、腹が立つ

こうしたことから、男性は、自分の能力が認められていない、信用されていないと感じると、怒りにつながります。また、期待に応えられない、期待外れだと思われるのも許容できません。

例えば、自分に任せられた仕事に対して、上司や同僚などから「大丈夫?」「できそう?」「何か困ったことや、手伝うことはない?」などと声を掛けられたとします。女性の場合、相手が自分を気に掛けてくれている、気遣ってくれていると解釈して、悪い気はしません。けれども男性は、相手が自分の能力を疑ってい

ると解釈し、「大丈夫に決まっている」「困っているはずがない」などと、不愉快に感じるケースが少なくないのです。

男性に仕事を任せる場合、相手を認め、信用しているならば、進め方やスケジュール管理などは、本人に一任するのがベターです。途中で「あれ、どうなっているの？」と経過を尋ねたり、「こうしたほうがいいんじゃない」と助言したりすることは、怒りの種につながります。男性は、たとえ相手が上司であっても、「自分のことを信用していないのだろうか？」と、迷惑に感じるのです。

特に、上司や専門家ではない人からの助言は、「他人に口を挟んでほしくない」「自分の領域を侵害されている」と捉えて、不愉快に感じます。頼んでもいないのに勝手に手伝われるのも、「どうして余計なことをするんだ」とイライラします。人の手を借りると「自力」でなくなるし、「助けは屈辱」だからです。

2 「共感」を重視する女性

「共感」が重要

女性は、伝統的な役割として、次の3つを求められてきました。

・子どもを産み育てること
・家のことを切り盛りすること
・家族や地域社会に役立つこと

この他、家が農業や商業店舗などの事業をしている場合は、その労働力としても期待されてきました。

女性は、歴史的には、弱い立場、不利な立場に置かれてきました。現代でも、結婚後は男性の本拠地で、男性の家族（義父母など）と一緒に暮らしたり、男性の赴任先について行くことが求められるケースも多いでしょう。いわば「アウェー」での生活を送ることも少なくありません。

そのため、女性が大切にするのは、その世界での人間関係であり、共感し合える親しい存在です。その世界で孤立してしまうと、生きていくのも危うくなります。逆に、多くの助けが得られれば、自分の仕事が減り、生きていくのが楽になります。

男性にとっての仕事は、お金に直結するものです。一方、女性にとっての仕事は、家事・育児にしても、家業の手伝いにしても、お金に結びつかないことが多く、たくさん働いたからといって、生活が楽になるわけではありません。むしろ、仕事の量が減るほうが、自分の毎日は楽になります。

女性にとって大事なことは、親しい人と「共感」し合うことです。一般的に、女性のほうが男性よりも「共感力」があるといわれています。「私もそう思う」「それいいね、賛成！」「そっか、大変だったね」「それはひどい！」など、友人やパートナーなどからの「共感」で、心が満たされ、安定します。

共感、すなわち、相手の感情を理解し、肯定することは、共感される側の承認欲求を満たし、自己肯定感を高めます。悲しみや苦しみ、怒りなどのマイナスの感情は、共感により減少し、喜びや楽しさなどのプラスの感情は、共感により増加することが知られています。

そのため、女性は、何かをする場合は「一緒に」成し遂げたいと考え、問題が発生したら、「共に」分かち合いたいと思っています。女性にとって最も恐れるのは、拒絶されること、仲間外れにされること。「自分だけ知らない」「誰も共感してくれない」などです。

男性は共感を示さない

女性からすると、男性は「共感」を示さないように見えることがあります。

男性は、女性が話しているのに最後まで聞かずに、「言いたいことは、つまりこういうことだよね」と遮ったり、「それで、自分は何をすればいいわけ？」と尋ねたりすることがあります。

これは、男性が「話を遮るほうが親切だ」と思っているからです。すなわち、

10の話を3のところで理解し、「つまり、こういうことだよね」と言うほうが時間の節約につながり、「自分は何をすればいいわけ？」と、自分の役割を尋ねれば、すぐに対応することができると考えているのです。

男性は、相手が自分に話をするのは、何らかの解決策や助けがほしいためと解釈します。すなわち、自分には「ヘルプデスク」の役割が求められていると思っています。ヘルプデスクとは、パソコンなどの製品のトラブル、使用方法に関して、問い合わせを受ける窓口のことです。ヘルプデスクの場合、話の途中であっても「つまり、こういうことですね」と、早々に状況を理解し、解決策を示してくれたほうが親切です。

一方、女性は、気持ちがすっきりするまで話をしたいと思っています。そのため、話を最後まで聞くのは当然のこと。聞き手には、話を聞きながら相づちを打ったり、「そうなんだ。分かるよ」「それは大変だったね」などと共感を示してほしいと望みます。原因を分析して解決策を提案されたり、ヘルプデスクのような役割を求めたりしているわけではありません。

つまり、女性が「単に話を聞いてほしいだけ」「共感を示してほしいだけ」と考えているとは、男性は理解していないのです。

「言われなくてもやる」を評価する

また、女性にとっては、相手の気持ちを察して、言われなくても、相手が求めていそうなことを先回りして行うのが「気が利く」ことで、よいことだと考えています。そのため、自分に対しても、口に出さなくても気持ちを察し、対応してくれることを求めます。

日本の価値観「以心伝心」は、男女ともに求められるものですが、特にサービスを提供する側や、下の立場の人に強く求められているものです。歴史的に弱い立場に置かれてきた女性は、子どもの頃から、気持ちを察して配慮すること、気を利かせることを求められてきました。そのため、気が利くことが評価の対象となり、逆に、自分の気持ちを察しない、自分に配慮しない相手に不満を抱きます。

さらに、「言っても動かない」「文句を言う」相手に対しては、怒りを感じます。

先述のとおり、男性は、仕事や自分の領域と思っていることに対しては、頼みもしないのに勝手に手出しされることを望みません。一方、それ以外の雑事や自分の領域外のことは、むしろ、誰かが気を利かせてやってほしいと考えています。

この考え方は、女性のニーズとは合致しないことが多々あります。

女性が「察してほしい」「対応してほしい」と考えていても、男性からすると、何も言われないのに勝手に察して対応するのは、「助けは屈辱」にあたると考えます。さらに、女性が「手伝って」と口にしても、自分のやることではない、自分の領域外だと感じれば、対応したくありません。

そのため、女性が、家事や育児でどんなに大変そうにしていても、「相手の領域」と思っている限りは進んで手伝おうとしません。「ゴミ出しは自分の仕事」「子どもを保育園に送るのは自分の担当」など、自分の領域だと認識して初めて動くのです。

3 女性はこれを心掛けよう

女性の不安は男性には分かりづらい

次のページの表のように、男性と女性では、大切にしていることと、それを否定された場合の怒りのポイントが、異なっていることもあれば、真逆のこともあります。

女性は、共感し合うことを大切にし、そのためのコミュニケーションを重視しています。仕事であれば「報・連・相」を大切に、状況が変化していればもちろんのこと、変化がなくてもその旨を報告します。そして、それを相手にも求めます。

途中経過の報告や最終確認の連絡がないと、「予定どおりに進んでる?」「変更はないの?」「その後の対応はどうなったの?」と、不安になる人が少なくありません。女性は、コミュニケーションが少なく、情報が入らないことを不安に感

男女の違い

	男性		女性	
	大切にしていること	怒りのポイント	大切にしていること	怒りのポイント
重要な価値観	能力を証明する	能力を認めない	共感し合う	共感しない
仕事の進め方	自力で成し遂げる	口を挟む	一緒に成し遂げる	協力しない、無視する
問題への対処	一人で解決する	勝手に手伝う	共に分かち合う	言わない、聞かない
分担への解釈	互いの領域を侵害しない	侵害、命令、管理	察して手伝う	察しない、手伝わない
連絡の仕方	必要最低限だけ連絡する	頻繁な連絡を強制する	頻繁に連絡する	連絡しない
話の聞き方	要領よく聞く	話が長い、結論不明	最後まで聞く	話を遮る

じるからです。また、直接の関係者でなくても、間接的に関係することは、情報を早めに伝えてほしいと感じています。

けれども男性は、連絡は必要最低限、変更があった場合のみ、直接の関係者にだけ伝えるという人が多いです。相手にも同様のやり方を求め、自分の仕事に関することだけ、結論から要領よく伝えてほしいと思っています。関係ないことまで伝える必要はないし、余計な情報はいらないという考えです。

そのため、すでに伝えたことや変化のないことについて、途中経過をいちいち報告するように強要されると、いら立ちます。

例えば、残業で帰宅が遅くなる場合、最初に「だいたい何時頃に帰宅する」と伝えたら、その後、「これから会社を出る」「今、乗り換え駅」「最寄り駅に着いた」などの細かい連絡をする必要性を感じていません。さらに、予定より遅くなっても、「遅いのは、残業が終わっていないからだと分かるだろう」と、連絡を入れません。

しかし女性は、途中連絡がないと「残業は終わったの？」「今どこにいるの？」と不安になりますが、男性にはその感覚が理解できません。「どうして不安になるの？　自分を信用していないの？」と男性は感じますが、この場合、女性が待つ側で、受け身的な立場だからというのも理由の一つです。伝統的にも、女性が受動的で、男性が能動的な立場であることが多かったため、女性のほうが不安になりやすい可能性もあります。

それを踏まえて、男性から連絡がなくてもあまり気にせず、連絡の強要はしないほうがよいかもしれません。

おせっかいは不要

女性の場合、仕事を任されたものの、その後何も言われないと「放っておかれている」「私（の仕事）に関心がないの？」と感じる人が多いものです。同時に、上司や同僚から助言されると、「なるほど、そんな視点はなかったな。ありがとう」とすんなり受け入れます。

また、「これ、やっておいたからね」と手伝ってもらえると、その分、自分の仕事が減るため、「助かるわ。ありがとう」という感謝の気持ちを抱きます。女性にとって「助け」は名誉です。相手が自分を認め、尊重しているからこそ助けてくれるのであり、自分が楽になる、ありがたいことという認識です。

そのため、女性はよかれと思って、男性に「大丈夫？」と声を掛けたり、助言したり、頼まれていないのに仕事を手伝ったりします。しかしそれらは、男性には「自分の能力を認めていない」と解釈され、腹立たしさを呼んでしまうおそれがあります。

男性が一人で問題解決をしているときは、口出しは控えましょう。同様に、男性から直接頼まれていないことは、手助け不要です。女性がよかれと思って助言したことも、男性にとっては、自分の領域に踏み込んできて口を挟み、自分を管理しようとしている、自分を変えようとしていると感じて、疎ましがられることがあります。たとえ親切心からの行動であっても、相手には「おせっかい」と思われ、裏目に出てしまう可能性大です。

男性は、自分の能力を認めて依頼されるのは喜びますが、命令されるのを嫌がります。また、誰かの管理下に置かれたり、支配されたりしたくないのです。

依頼は率直にお願いする

また、男性に何かを頼む場合は、命令口調や婉曲な言い方ではなく、率直にお願いしたほうがよいでしょう。

例えば、ゴミを捨ててほしい場合、「ゴミを捨てなさいよ」と命令口調で言うと、「何で命令されなきゃいけないんだ」と反発します。一方、「ゴミがたくさん溜まっているわね」と婉曲的に言っても、伝わりません。「お願いがあるんだけど、ゴミを捨ててきてもらえない？」と、言うとよいでしょう。

その際、「えっ、なんで？」などと文句を言われたとしても、アイドリング（動くまでの準備）だと思って、「ありがとう、助かるわ」とサラッと流し、そのまま任せてしまいます。

女性は、依頼したことに対して文句を言われると「そんなこと言うなら、やらなくていい！」「もう頼まない」と立腹しがちです。なぜなら、女性にとっては、口に出さなくても察して動くのが理想的であるため、頼まれたときは「気づかずに申し訳ない」くらいの態度を期待しているからです。文句を言われるのは許容できません。

けれども、男性からすると、自分の領域外だと思っていることを、頼まれたからやろうとしているのです。結果的に依頼を引き受けてくれた場合、「ありがとう。おかげで助かった」などの感謝の言葉を伝えると、よい関係を築けるでしょう。

第5章

こんなときどうする？
～職場のアンガーマネジメント

1

職場は多様な人の集まり

私たちが働く環境は、近年、大きく変わってきています。少子高齢化により労働力が減少し、女性や高齢者、外国人の雇用が増えました。また、いわゆるプロパー社員（新卒採用の正社員、自社の社員）以外の中途採用が一般的になったと同時に、パートタイマーや契約社員などの非正規社員、派遣社員、フリーランスや他社の社員で一緒に仕事をする外部スタッフの割合も増加しています。働き方や働くことに対する価値観も、人によってそれぞれ異なります。

仕事を自己実現のための最優先事項として捉え、長時間労働もいとわず働きたいという人もいれば、仕事とプライベートのバランスを取りながら、両方を無理なく充実させたいという人もいます。また、仕事はあくまでもお金を得るための手段と捉え、趣味やプライベートを優先させたいという人もいるでしょう。

違いをどう捉えるか?

かつてに比べると、組織・職場における一体感は減り、仕事の技術、知識の伝承も難しくなり、中間管理職に求められるマネジメント能力、コミュニケーション能力は高度化しています。

さまざまな属性・立場の人たちが、それぞれの考え方・価値観で働いている職場環境においては、当然、意見の違いや対立が起きることもあるでしょう。

A：自分が正しい。自分と同じような考え方、価値観の人たちとは親しくするが、自分と違う考え方、価値観の人たちは間違っているから否定する。同じような属性の人たちは仲間だが、違う属性の人たちは受け入れない。その気持ちが高じると、自分と違う場合、敵として攻撃し、排除する。

B：人はそれぞれ違い、さまざまな考え方、価値観、属性の人がいる。それぞれが個性であり、面白い。自分とは異なる人たちともコミュニケーションを取って、理解を深める。違う視点からアイデアを出し合い、よりよいものにしていく。

これまでの日本企業・組織では、社員の多くが男性で、終身雇用制度により、定年までずっと同じ会社で働き続けるのが一般的でした。若手社員には独身の人もいるけれど、多くは結婚し、自分が大黒柱となって専業主婦の妻と子どもを養っている、というケースがほとんどでした。

そのため、価値観や考え方も社員同士で似通っており、「異文化」といえるような人とコミュニケーションを取る機会は乏しかったといえます。こうした環境下では、Aのような村社会的な発想になりがちで、自分と違う属性、立場、価値観の人のことを排除しようという力が働きます。

けれども、今求められているのは、言うまでもなくBの捉え方です。多様性を受け入れて肯定し、さまざまな課題を建設的に乗り越え、改善していくことです。

人間関係をAで捉えると、図の左側「ハードな毎日」を生きることになります。

多様な価値観、属性の人たちと一緒に働くことが多い現代においては、ストレスが増え、困難な日々が待ち構えています。

「私が正しい。私の言うことを聞くべき」と、誰かを支配しようとしても、相手は言うことを聞かず、支配もされません。その際、「お前が言うことを聞かな

ハードな毎日・イージーな毎日

私が正しい。私の言うことを聞くべき!
一人ひとりの「べき」は違う。話してみよう

ハード（困難）な毎日		イージー（楽）な毎日
自分の「べき」が正しい	べき	一人ひとりの「べき」は違う
人を支配しようとし、人に支配される（振り回される） 違う考え・価値観は敵	人	人を支配しようとせず、人に支配されない（振り回されない） 違う考え・価値観もある
狭量（心が狭い） 違いを受け入れない	心	寛容（心が広い） 違いを受け入れる

いので、私は腹が立つ」「お前が悪い」と考えれば、逆に、自分が人に支配されることになってしまいます。

「怒っているのは自分」と考えれば、自分で状況を変えられます。しかし、「相手が自分を怒らせている」と考えると、相手が変わらない限り、自分の状況は変わりません。

人に支配されない、振り回されない毎日を送るための近道は、自分とは違う考え方や価値観を受け入れること、そして、自分の感情は自分が決めていると認識することです。

2 いまだはびこる男尊女卑

Q

営業の仕事をしています。勤務先の男性上司の男女差別が激しく、ストレスがたまる毎日です。上司は、女性の私が気に入らないらしく、常に上から目線の偉そうな物言いをします。

仕事の疑問点を質問すると、「そんなことも分からないのか？ これだから女は使えないな」と、みんなの前で平然と口にします。また、同期の男性社員には依頼しないのに、私には、コピー取りや、おつかい、来客へのお茶出しなどの雑用を言いつけます。大口顧客はすべて男性社員に担当させ、私にも担当させてほしいと伝えると、「ここは女の職場じゃないし、営業は女の仕事じゃない」と繰り返します。

部署の懇親会の場では、当然のように男性社員のお酌をさせられます。上司が空のコップを私の前に差し出し、「女のくせに気が利かないな。それじゃ、嫁に行き遅れるよ」と言ったときには、堪忍袋の緒が切れそうになりました。

仕事で見返したいと思いますが、このままだと、実績を上げても嫌がらせされそうです。これから、どう対応していくのがよいのでしょうか。

A

セクハラ案件として、会社の相談窓口に相談してみましょう

男尊女卑的な考えを持つ人、男性のほうが女性より上だと思っている人は、残念ながら、まだまだたくさん存在します。

行動のコントロールの「分かれ道」（47ページ）で考えると、このケースは、右上「重要だが変えられない」ことになりそうです。この上司の価値観は、少なくともすぐに他人が変えられるようなものではないでしょう。

上司は「男性が主要な仕事をし、女性は補佐的な仕事をすべき」「ここは男性の職場であり、営業は男性が行うべき仕事だ」という「べき」を持っていることが分かります。

そのため、女性なのに営業の仕事をするあなたが、男性である自分の領域を侵害しているように感じられて、腹が立つのでしょう。あなたを「脅威」として捉え、「あくまでも自分が上だ」と強調したいのです。

本来、管理職の役割とは、あなたの営業担当としての能力を発揮させ、会社の業績を上げることです。しかし、あなたが女性であるというだけで、本来の上司としての役割を見失い、会社への貢献とは逆を向いてしまっているようです。

では、「現実的な選択肢」として何が考えられるでしょうか？

この上司の言動は、セクハラ（セクシュアルハラスメント）の原因や背景となり得る「性別役割分担意識に基づく言動」として、事業主は注意することが求められます（参考：厚生労働省「職場におけるハラスメント対策マニュアル」平成29年度）。

「性別役割分担意識に基づく言動」とは、「男は仕事、女は家庭」などの役割分担の意識に基づいた発言や行動です。仕事内容や配置、昇進を決める際に、「女性には無理」などの意識が働いて、格差をもたらす原因になると考えられています。「男のくせにだらしない」「女性には仕事を任せられない」といった発言や、宴会で女性にお酌を強要したりするのが、これに当たります。

法的、労働環境的に問題がある場合は、専門窓口に相談するのが最善です。まずは会社の相談窓口に相談してみましょう。ハラスメントに関しては、事業主が講ずるべき措置として、相談窓口を設けることや、指導を行うことが、男女雇用機会均等法、育児・介護休業法で義務づけられています。

職場には多様な価値観の人がいて、自分とは異なる考え方を持つ人たちともコミュニケーションを取り、理解を深めたほうがよいと書きました。しかし、セクハラやパワハラ、その他の法的に問題のあるもの、労働環境に悪影響を及ぼすものの場合、話は別です。ハラスメント行為は、認めたり受け入れたりする必要はありません。こうした人とはできるだけ関わらないのが得策です。ネガティブな発言を聞かされそうな場合は、黙ってその場を立ち去ってしまいましょう。

3 仕事ができない困った上司

Q

入社6年目、窓口担当をしています。直属の上司の仕事ぶりがめちゃくちゃで、困っています。

上司は仕事がおおざっぱで、指示モレや連絡忘れを頻発します。例えば、大事なお客さまが来店する予定をメンバーに伝え忘れたり、経理部に提出する資料の締め切り日を間違えたりします。また、窓口にクレーマーが来たときも、まったく頼りにならず、うまく対処するどころか、火に油を注ぐ応対で事態を大きくしてしまいました。

無用なトラブルを回避するために、私を含めた4名の部下は、いつも先回りして動いています。でも、上司は私たちのそんな奮闘ぶりを知らず、手柄はすべて自分のものにし、ミスはすべて部下のせいにします。

上司の尻ぬぐいをさせられるうえに、失敗の責任まで取らされる私たちは、いつも他部署やお客さまから悪者にされています。当の上司からは「君たちは仕事ができないから、いつまでたっても評価が低いね」などと言われ、本当に腹立たしいです。私たちより高い給料をもらっているのに、何のためにいるのでしょう。むしろ、あんな上司、いないほうがいいのに……。

A 上司のプライドを尊重しながら対処法を考えましょう

「仕事ができない上司で困る」という相談は、実は少なくありません。

今回のように、連絡を忘れたり、上司としての仕事、すなわち管理や指導をしなかったり、仕事に対してやる気がなかったり。それでいて、上の人にはうまく立ち回るため、社内では上司の態度が問題視されていないケースも多々あります。

納得できないかもしれませんが、「上司は部下よりも優れているべき」「上司は上司としての仕事をするべき」「高い給料の人は、それに見合った仕事をするべき」などの理想は、裏切られることもあります。

アンガーマネジメントのポピュラーな手法に、「認知行動療法」があります。認知（考えやイメージ）に着目し、心の問題を解決する方法です。この中に、怒りにつながる思い込みである「よくある不合理な信念」というものがあります。

「不合理な信念」は「不毛なべき」と同様、一人ひとりが強く信じている思い込みのことです。思いどおりでない状況を許せず、不満や失望、怒りを感じます。

その「よくある不合理な信念」の一つに、「人生は公平でないとならない」というものがあります。「人生は公平だ」とはよく耳にする言葉ですが、実際には、その解釈はさまざまです。「人間は死ぬ」「人間には睡眠や栄養補給が必要だ」という観点からは人は公平ですが、会社や組織における昇進や待遇、仕事内容に関しては、不公平なことも多々あります。

では、アンガーマネジメント的な対処法として、行動のコントロールの「分かれ道」（47ページ）に照らし合わせて、行動を考えてみましょう。右上「重要だが変えられない」だとすると、「現実的な選択肢を探す」ことになります。

例えば、「君たちは仕事ができない」という言葉を受けて、上司に「仕事ができるようになりたいので、現状を改善したい」と相談します。そこで、チェックシートのようなものを作成し、上司からの依頼事項を文書で残す方法を提案してみたらいかがでしょうか。「私たち部下が、上司からの指示を忘れないように、指示内容を文書化し、チェックしていただきたい」と相談するのです。

もし上司に「なんで、いちいちそんなことしなきゃいけないの」と言われたとしても、「そうしないと、私たちは仕事ができないままで、他部署やお客さま、それに、○○さん（上司）に迷惑をかけてしまいます」と返せばよいのです。

自分たちが下手に出るのは悔しいかもしれませんね。しかし、これまでの上司の言動から考えると、真正面からミスを指摘しても、本人は認めず、改善されないどころか、プライドを傷つけられたとして、報復人事や低評価につながるおそれもあります。

ここは戦略的に、相手のプライドを尊重してあげましょう。この「相手のプライドを尊重する」ことは、敵を味方にする心理作戦としても知られている方法です。

A なにかと口うるさい先輩

Q

古参の先輩社員、いわゆる「お局《つぼね》さま」に閉口しています。彼女は新卒でこの会社に入り、今年で入社20年目だそうです。主任という肩書ですが、担当業務は私と同じです。

先輩は、転職して半年の私にあれこれ世話を焼いてくれます。よく言えば面倒見がよい、でも実際にはおせっかいです。例えば仕事の進め方が古臭く、私には一昔前のやり方に思えます。「このデータ分析ソフトは古く、今は違うものが主流です」と伝えても、「うちはこの方法だから」と譲りません。実際、他の同僚も新しいデータ分析ソフトを使って仕事をしているのに、です。

納得がいかないので、新しいデータ分析ソフトを使って仕事を進めていると、「なんで私の言ったことを無視するの？」「あなたは中途入社だから、この会社のことをよく分かっていないのよ」と、うるさく口を挟んできます。私は前職も同じ業界だったし、転職して半年とはいえ、それなりにキャリアも積んでいます。なぜ、こんなに私に口うるさく言うのでしょう。若手の私が目障りなのでしょうか？

A

冷静に意見交換してみましょう

仕事の進め方には、人それぞれこだわりがあるものです。技術職や専門職などは、特にその傾向が強いのではないでしょうか。

先輩は古いやり方で仕事をし、他の社員は新しいやり方をしている人もいるようです。これまで新旧のやり方が混在して行われてきたのであれば、どちらで仕事を進めても、問題はないのかもしれません。

先輩は、自分のアドバイスに従わないあなたに怒りを感じ、あなたは自分を従わせようとする先輩をうっとうしく思い、どちらも冷静ではなさそうです。お互いのコミュニケーションが不足したまま、あなたは先輩を「仕事のやり方が古臭い」「口うるさい」と決めつけ、先輩はあなたを「自分の忠告を無視する」「会社のことをよく分かっていない」と決めつけているように見えます。

まずはあなたが冷静になり、先輩の考えを聞きましょう。先輩の見解を全部聞いてから、自分の意見や質問を伝え、互いによりよい方向をめざして意見交換してはいかがでしょうか。

新しい方法が必ずしもベストな方法とは限りません。先輩が以前のやり方を支持し、新しい方法を勧めない理由や根拠を、一度フラットな気持ちで聞いてみてください。そのうえで、以前の方法と新しい方法のメリットとデメリットを一覧表にし、デメリットへの対処法などを一緒に確認するのです。最終的には、お互いに納得のいく方法を選んで行えばよいと思います。もしかしたら、どちらも互いの方法に関して、気づいていない点や誤解している点があるかもしれません。

人は、何かを判断する場合、バイアスがかかった状態、すなわち先入観にとらわれ、偏った状態で見ていることが多々あります。「確証バイアス」は、何かを検証する際に、都合のよい情報ばかり集めて、反証する情報を無視する傾向です。

あなたは、先輩のやり方を「古い」と否定し、担当業務が同じだからといって先輩を自分と同列に捉え、「お局さま」とバカにしています。しかし、実際には先輩はキャリアに見合った高い見識や、主任としての役割・権限を持っているかもしれません。また、あなたは主任が男性の先輩であれば、素直に意見に耳を傾けていた可能性もあります。

先輩の立場からすると、あなたはこの会社では新人なのに、聞く耳を持たず、指示に従わず、指導を疎ましがる困った人かもしれません。あなたが先輩と同年代になり、後輩の指導をしている姿を想像してみましょう。後輩があなたの助言には耳を貸さず、自分のやり方にこだわり、あなたのことを「おばさんは古くて口うるさい」と言っていたら、どう思うでしょうか？　物事を相手の視点や違う視点で捉え直すと、視野が広がります。すると、怒りが緩和されやすいので、ぜひ試してみてください。

5 最近の若い子は常識がなくて……

Q

営業部門で管理職をしています。最近の若い子たちに常識がなく、参ってしまいます。入社したときにビジネスマナー研修を受けたはずなのに、さっぱり身についていないようです。

例えば、お客さまに送るメールでは、相手の肩書を間違えたり、敬語も満足に使えていません。加えて、すべてについて対応が遅く、メールの返信も、見積書の作成も後回しにしてしまいます。それでいて、失注したり、ミスをしたりすると、ひどく落ち込んだ様子を見せます。

最初の指導が肝心だと思うので、一度ビシッと叱りたいのですが、上からは「彼らはメンタルが弱いから、へたに怒って辞めちゃうと困る。優しく接してあげて」と言われています。
常識が欠如しているくせに、あまりに打たれ弱く、正直、営業職に向いているとは思えない彼らを、どうやって育てればよいのでしょうか。怒らないように我慢していると、私のストレスが溜まります。

A

相手を責めず、具体的なリクエストを示しましょう

アンガーマネジメントでは、怒ることを悪いこととして捉えていません。怒りは自然な感情であるため、「怒ってもよい」という考えです。ただし、怒る必要のあることは上手に怒る。人を傷つけず、自分を傷つけず、物を壊さずに、要望を伝えることをめざします。

自分の感情を爆発させるタイプの怒り方は、部下を怖がらせます。相手は精神的に不安定な状態になり、やる気を失ったり、上司を避けるようになったりするでしょう。しかし、アンガーマネジメントで推奨している怒り方（叱り方）ならば、部下たちを傷つけることなく、こちらが伝えたいことを相手に理解させます。

例えば、あなたは次のような怒り方をしていませんか？

「この見積書って、お客さまから1週間も前に依頼されたものだよね。なんで今頃送ってるの？ これまで何してたの？ こんなに時間かかったら、他社に仕事を取られちゃうじゃない。それに、メールの文章もおかしいし。もう入社2年目なのに、いったい何を身につけてきたんだか」

こうした怒り方には、次のような問題があります。

①感情をぶつけ、責める言い方である

上司から否定的な言い方をされると、部下は自信を失います。

②リクエストが分からない

具体的な内容、基準を示していないため、部下にはどこに問題があり、どう改めればよいのかが分かりません。

上手な叱り方とは、例えば、次のような言い方です。

「見積書ありがとう。私が納期を伝えていなくて、ごめんなさい。今度から、お客さまから依頼されたその日のうちに見積書を作成するようにしてください。送るのが遅くなると、その間に他社に決まってしまうかもしれないので。メールの文面も、どう書けばよいのか説明してなかったね。勝手が分からず、時間がかかってしまったのなら、ごめんなさい。せっかく作ってもらったのに申し訳ないけれど、これから見本を渡して修正してもらいたいところを説明するので、すぐに作り変えてもらえますか?」

ポイントは、穏当な表現を使い、相手を責めない言い方をすること。そして、「こうしてほしい」というリクエストを、具体的かつ明確にすることです。

若手社員に業務の知識や、業界の常識がないのは当然のことです。たとえ研修を受けても、すぐにすべてを理解し、実践できるわけではありません。あなたが理想的だと思うやり方やルールがあるのであれば、まずは、それを見本やマニュアルなどにまとめてみてください。そして、相手にそれを提示しながら、具体的に教え、納得してもらい、身につくまでフォローする必要があります。

若手社員も、知識や常識がないながらも、日々奮闘しています。その気持ちやがんばりを認め、叱るばかりでなく、労いの言葉を掛けてあげてください。

6 なぜ私が同僚の仕事を肩代わりするの？

Q

一緒に営業アシスタントをしている同僚に、不満が募っています。

幼い子どもがいる彼女は、「子どもが熱を出した」「保護者会がある」などの理由で、たびたび会社を休みます。また、繁忙期でも「保育園に迎えに行く時間だから」と言って、いつも定時に帰宅してしまいます。

仕事のしわ寄せが来るのは、いつも私です。彼女が休むたびに私が仕事を肩代わりし、営業メンバーから頼まれる急ぎの仕事は、常に私が引き受けています。それでも同僚は、お礼も言いません。

私だって、予定があって早く帰りたい日もあるけれど、彼女が私の仕事を手伝ってくれることはありません。顧客や営業メンバーのことを考えると、仕事を引き受けないわけにもいかず、納得いかないない気持ちです。以前、上司にそれとなく伝えてみましたが、「まあ、仲良くやって」と言われただけで、何も対応してくれませんでした。私はこのままずっと、不公平な中で仕事をしていかなければならないのでしょうか。

A

具体的な要望を伝え、ルール化しましょう

「仕事ができない困った上司」のときと同様、「人生は公平でないとならない」という「不合理な信念」が、イライラを呼んでいると思われます。

あなたが同僚の仕事を肩代わりしても、彼女はお礼を言わず、あなたの仕事も手伝わない。急ぎの仕事はあなたが引き受け、上司も対応してくれない。業務分担に偏りがあるので、納得がいかなくて当然です。けれども、あなたが求めている「公平」な状態にするのは、なかなか難しいかもしれません。

行動のコントロールの「分かれ道」(47ページ)で、右上「重要だが変えられない」だとすると、「現実的な選択肢を探す」ことになります。まず、あなたには「同

僚の仕事を肩代わりしない」という選択肢があります。たとえ相手が理由をつけて仕事を押しつけようとしても、引き受けないこともできるはずです。

あるいは、「条件つきで引き受ける」という選択肢もあります。例えば、「あなたの仕事を引き受ける代わりに、次は私の仕事をやってほしい。そうでないのなら、私はあなたの仕事を引き受けたくありません」と条件を提示するのです。

一方、急ぎの仕事については、「引き受けない」という選択肢はあるものの、営業メンバーや顧客のことを考えると、それは気が引けるかもしれません。そこで、同僚と相談して「半分ずつ担当する」「一回ごとに担当を交代する」といった役割分担を決める方法もあります。もしかしたら、同僚は勝手に「急ぎの仕事はあなたの担当」と考えていたり、もしくは、あなたが自分の代わりに引き受けてくれていることを知らない可能性もあります。

また、営業メンバーには改めて、営業アシスタント側の要望を提案してみましょう。思考のコントロール「三重丸」（44ページ）で示すところの、「許せるゾーン」「まあ許せるゾーン」「許せないゾーン」それぞれの境界線を決めて、明示するのです。

「原則として、17時までに依頼された分は当日中に対応しますが、それを過ぎた分は、ミス防止と品質維持のために、翌日対応とさせてください。緊急の仕事が発生しそうな場合は、その時点で早めに連絡をお願いします」などとまとめたうえで営業メンバーとすり合わせし、部署内でルール化するとよいでしょう。上司にお願いしてもよいかもしれません。

もし、現在の状態が「まあ許せるゾーン」であり、単に同僚が仕事をしないことだけが不満なら、同僚とお互いが納得できるルールを決めたほうがよいでしょう。同僚の事情や要望も聞いたうえで、それぞれの「まあ許せるゾーン」、すなわち「せめてこの状態ならOK」という妥協点を見つけます。

こうした対応が取れず、現状の改善が難しい場合は、改めて上司に相談します。その際は、できるだけ客観的なデータと具体的なリクエストを伝えるようにします。例えば、前月のあなたと同僚の仕事量の差などが分かるようなデータを提示し、具体的にこのように改善してほしいと伝えると効果的です。

7 不快なお客さまには、どう対処する？

Q

入社からずっと営業一筋で働いています。これまでは新規開拓を担当していましたが、この春からルート営業（既存客への営業）を担当することになりました。

これまで担当していた新規開拓では、アポイントがなかなか取れなかったり、提案を断られ続けたりすることもあり、メンタルは鍛えられてきたと自負しています。一方、ルート営業は、長期的な視点で相手とよい関係を築く必要があり、別の意味で大変だと感じています。

実は、新しく担当することになったお得意さまのことがどうしても苦手で、次回のアポイントのことを考えると、ため息が出ます。前任者と引き継ぎのあいさつに伺ったとき、次のようなことを言われ、からかわれたのです。

「美人さんだねえ。この後、ホテルで一緒に親交を深めようよ。セクハラじゃないよ、ランチだよ、ランチ。あっ、彼氏に怒られちゃうかな？」

私の反応をうかがうような、いやらしい態度で、絶句してしまいました。

前任者は「適当にあしらえばいい」と言いますが、こうした状況に慣れておらず、うまく対応できない自分にも悔しく、イライラします。

A

相手の傾向をつかみ、対策を講じましょう

まず、自分にイライラする理由を考えてみましょう。おそらく、新規開拓でメンタルが鍛えられているはずの自分が、慣れない事態に「うまく対応できない」ことへの動揺から来ていると思われます。

あなたが思い描いていた理想は、このような感じではないでしょうか。セクハラ発言をしない、紳士的な振る舞いのお得意さまに引き継ぎのごあいさつをし、先方の現状や課題をヒアリングして、次の提案につなげる――お互いよい印象で打ち合わせを終えたかったのでしょう。

それなのに相手は、自分をからかうような態度で、すっかり調子を乱されてしまった。的確なコミュニケーションで、お得意さまから信頼を得ようと思っていたのに、セクハラまがいの発言をされて失望した。そのショックが怒りにつながっていると思われます。

からかう人の心理は、「相手を下に見ている」「自分の言動で相手が怒ったり困ったり反応するのが楽しい」「気を引きたい」などがあります。

からかわれた場合の対応は、反応しない（スルーする）、拒絶する（「やめてください」と伝える）、相手のからかいに乗る（「はい、美人の○○です！」と返事する）、天然的な反応をする（「私の名前は美人ではなく○○ですが？」ととぼける）、切り返す（「彼氏に怒られるので、遠慮しておきます」と言う）、相手をからかう、などです。

お得意さまの傾向はつかめたので、今後はその傾向を踏まえて、セクハラまがいの発言でからかわれたら、どう対応するか、仕事はどう進めるか、作戦を練るとよいと思います。

ちなみにセクハラは、場所や相手に関係なく、違法です。お得意さまであっても、訪問先や接待の場などの社外であっても、会社は「安全配慮義務」を負います。同様に、法人顧客であれば、取引先の会社は「使用者責任」を負っています。

セクハラ的な言動に対しては、お得意さまだからといって我慢する必要はありません。まずは、「お客さまがそんなセクハラ発言をされるのは、ショックです」「そのような発言は、お客さまのイメージをダウンさせます」という言い方で、やんわりと釘を刺しましょう。

もし、食事や個人的な用事に誘われた場合は、「ぜひ、上司も同席させてください」「申し訳ありませんが、会社のルールでお受けしかねます。大切なお得意さまに、変な噂が広がっては困りますから」などと言って、穏やかに、しかし、きっぱりと断りましょう。それでもエスカレートするような場合は、上司に相談して、担当を変えてもらいましょう。躊躇《ちゅうちょ》する必要はありません。

8 職場の処遇に納得いかない

Q

パートタイマーとして週5日、9時から17時まで働いています。

パート勤務ですが、勤続年数が長いこともあり、売り場チームのリーダーをしていました。担当業務が好きで、また、理解ある上司が、信頼して仕事を任せてくれたこともあり、これまで楽しく働いてきました。

ところが、その上司が異動になってしまったのです。新しく来た上司は、赴任早々、これまでになかったルールを次々に設けました。その一つに、「パートタイマーは社員の補佐的な業務のみ行う」というものがありました。パート勤務である私はチームリーダーから外され、それによって時給は下がり、手当がなくなってしまったのです。

新しいリーダーは、チームの問題児とされてきた正社員です。彼は、上司のご機嫌取りは上手ですが、決断力がなく、納期にもルーズで、現場は混乱しています。
チームのメンバーたちが「仕事が回らなくて困るから、元に戻してほしい」と訴えましたが、上司は却下。チームのメンバーからは、私にこれまでどおりリーダーの仕事をやってほしい、せめてカバーしてほしいと言われています。メンバーを助けたいのはやまやまですが、上司が認めていないし、報酬も出ないのに、陰でやるのは納得がいきません。

A

冷静な視点で、自分が本当に求めていることを探りましょう

納得がいかないことは、心を傷つけ、怒りにつながります。新しい上司が来て、リーダーから補佐的な仕事になり、時給は下がり、手当がなくなる。新しいチームリーダーは仕事ができず、現場は混乱。チームのメンバーからは、どうにかカバーしてほしいと言われる。これでは、納得がいきませんね。

けれども、「理不尽なこと」は、現実に起こります。その際に必要なのは、まず、冷静になることです。そして「行動のコントロール」(47ページ)で考えて、右側「変えられない」ことだとしたら、重要なら「現実的な選択肢を探す」、重要でないなら「放っておく」「関わらない」になります。

現実的な選択肢は、さまざまな角度から考えてみると、実はたくさんあります。その一つとして、元の上司に現状を伝えて、相談してみるという手があります。元上司から現上司に話をしてもらう、あるいは、上司の上の人に話をしてもらうことができるかもしれません。現場が混乱し、仕事に支障が出ているので、現上司も、その上の人も、状況を確認して、対処してくれる可能性があります。

あなたがパートタイマーであることが、上司に引っかかっているのなら、あなたが正社員になる方向で調整してもらうことも、一つの方法です。チームの正社員から上司の上の人に相談する、会社で力を持っている人に相談することも、有効です。自分や自分たちでは難しいことは、できる人に頼むことも、現実的な落としどころでしょう。

あるいは、あなたの処遇の変更に問題がないか、どう対処したらよいのか、労務を専門とする外部機関に相談するという方法も考えられます。

また、「あえて何もせずに、しばらく様子を見る」という選択肢もあります。

そして、今回のことを、これからの仕事、働き方、キャリアを考えるうえでのよいきっかけとして捉えてみてください。自分が本当に求めているものは何か、補佐的な仕事に取り組みながら、思い巡らせるのです。

その結果、「補佐的な仕事ではなく、責任のある仕事をしたい」と思うのであれば「転職する」「独立する」という選択肢もあるし、「補佐であっても、今の業務が好きだ」というのであれば、現状を受け入れるという選択肢もあります。

今までの仕事や働き方が、これからもずっと正解であり続けるとは限りません。さまざまな選択肢の中から、できる限り落ち着いて、冷静に検討してみてください。

9 馬が合わない人の意見は聞きたくない

Q

全社横断プロジェクトを、各部署から選抜された7人のメンバーで進めています。でも、メンバーの中に馬が合わない人が二人いて、ミーティングが憂鬱《ゆううつ》です。

その二人は、ミーティングで出されるいろいろなアイデアに、いつもネガティブな発言ばかりするのです。一人は過度に慎重で、「万一こんな事態が発生したら、大変なことになる」など、ほとんどあり得ない状況を想定しては、消極的な意見を繰り返し、ブレーキをかけます。

もう一人は常に否定的で、これまでにない画期的なアイデアにも「前例がないので、絶対に企画が通らないよ」「ニーズがあるわけがない」と、反対ばかりします。
そうした意見に別のメンバーも引きずられ、「もうちょっと慎重に考えたほうがいいかも」「このアイデアはないかな」と、士気が下がりがちです。
新しいことを企画するはずのプロジェクトなのに、後ろ向きな発言ばかりで気が滅《め》入《い》ります。

A

保守的な人を「リスクヘッジ担当」として捉えよう

誰にでも、馬が合わない人、苦手な人はいるものです。基本は、その人と距離を置いて関わらない、ＳＮＳも含めて言動を見ない・聞かないことです。けれども、仕事で関わらざるを得ない場合は、そういう人がいることに慣れて、過剰に反応しないことが一番です。

馬が合わない人、苦手な人は、自分とは異なる考え方や価値観、性質から、自分とは違う意見を言ったり、自分には考えられない行動を取ったりします。あなたはそれが許容できないと感じますが、そういう人もいるのが現実です。

人にはいろいろなタイプがありますが、職場においては、大きく2つのタイプに分けることができます。新しいことにどんどん挑戦する「チャレンジタイプ」と、これまでの伝統を守っていく「保守タイプ」です。このタイプの違いから衝突し、お互い怒りにつながることは多々あります。

FFS理論という、人の性格を5因子とストレスで分析する方法によれば、保守的な因子である「保全性」が強い人は日本人の65％であり、チャレンジングな因子である「拡散性」が強い人のほうが35％と少数派です。

それぞれのタイプには、長所も短所もあります。「チャレンジタイプ」は、積極的、創造的、スピーディーである反面、詰めが甘く、飽きっぽいところがあります。「保守タイプ」は、チャレンジタイプからすれば、ノリが悪く、無難で、スローですが、安心安全を考え、客観的なデータや裏づけを求め、粘り強い側面もあります。

新規事業や新しいプロジェクトなどは、チャレンジタイプのほうが向いていますが、全員が同じタイプだと突っ走り過ぎて、見切り発車につながることもあります。保守タイプがメンバーに入っていると、考え得るリスクを早い段階で認識し、手を打つことができます。

チャレンジタイプは保守タイプのことを「なんでそんなにネガティブな発言をするのか。テンションが下がるじゃないか」と否定しがちです。しかし、自分たちにはない側面を認め、互いの長所を活かすようにしたほうが、よい効果が狙えます。

今回のケースでも、ネガティブ発言の多い二人のことをリスクヘッジ担当として捉え、「なるほど、そういう側面もありますね。対策を考えましょう」と、企画を強化する方向で考えるとよいでしょう。

違う意見が出た場合、どちらもが「自分たちが正しい。相手が間違っている」として、相手を正すこと、相手に自分たちの意見を認めさせること、相手を従わせることばかりを考えがちです。しかし、現実には相手を変えることはできず、いつまでも平行線で、不毛な戦いが続きます。

冷静になり、目的を意識することが大切です。このケースであれば、改めてプロジェクトの目的と、自分たちに求められていることを意識するようにしましょう。

10 職場をこう捉えれば楽になる

あなたの職場はどんな社風？

日本には多くの会社・組織が存在します。どの会社・組織も「一長一短ある」という点においては同じですが、それぞれの社風や組織文化は、かなり違います。同じ業種でも、トップや管理職、社員一人ひとりの考え方、価値観、風土などにより、会社・組織の雰囲気、大切にしている精神などが変わります。

例えば、一般的にベンチャー企業にはチャレンジタイプが多く、伝統的な大手企業には保守タイプが多いとされています。前者ではスピードや行動力が重視され、動きながら考える人、動いてから考える人が多い一方、後者では品質や思索が重視され、考えてから動く人が多いといえます。

また、仕事のスタイルが、個人プレーかチームプレーか、トップダウン（上の指示で下が動く）かボトムアップ（下からの声が上に反映される）か、ノリがよく気軽な雰囲気か、真面目で硬い雰囲気か、などの違いもあります。

自分の性質に合わない会社・組織よりも、合う会社・組織のほうが居心地がよく、活躍の機会にも恵まれるかもしれません。もし、自分の性質に合わないと感じるならば、合う会社・組織に転職するという選択肢もあります。

転職をして環境を変える選択をしないのであれば、会社・組織の社風や組織文化に自分のほうが慣れるように歩み寄り、妥協点を見つけていきましょう。また、たとえ自分の性質に合う会社・組織であっても、馬が合わない人は必ず存在するものです。また、馬が合う人でも、意見が食い違うこともあるということを理解しておく必要があります。

違う意見や断ることに慣れていない

基本的に、日本人は「違い」、特に「違う意見」に慣れていません。人と違う意見を言うことにも、人から違う意見を言われることにも不慣れで、苦手意識を持っている人が多いものです。

例えば、Aさんの発言の後に、Bさんがそれと対立する意見を示したとします。すると、BさんがAさん自身を否定したものと捉えられ、「Aさんを攻撃した」「許せない」といった感情を持たれることがあります。特に、前者が上司など立場が上である場合、部下は後から反対意見を言いにくい風潮があります。

また、日本人は、人の要望を断ることにも慣れていません。例えば、全席自由席のイベントで、早くから会場に並んだかいあって、前列中央の席に座れたとします。ところが、係の人に「後の人が入りやすいように、途中で座らず、左端まで詰めてください」などと言われると、仕方なく席を移動する人が多いのではないでしょうか。同様に、仕事関係の宴席で、「タバコを吸ってもいいですか？」と聞かれたら、本当は嫌でも、断れずに「はい」と言う人も多いと思います。

日本は、自己主張をしたり断ったりする文化ではないので、上手な断り方を知らず、断るのは気まずいと感じがちなのです。

「自己主張する」「断る」の積み重ねを

さらに、自分が断れないだけでなく、自分の要望・依頼が断られることにも慣れていません。

例えば、新幹線の中で、後ろの席の人に「席を倒していいですか？」と尋ねたとします。ところが相手に「それは困ります」と拒否されたら、「えっ、わざわざ声を掛けたのに、断る？」と驚き、イラッとするでしょう。しかし、断られたことに対して、「どうしてですか？」と理由を尋ねたり、「申し訳ないのですが、少し休みたいので、席を倒させてもらえませんか？」と再度頼むことは、ほとんどありません。その人が降りるまで席を倒さず、ずっとイライラしていそうです。

世の中にはいろいろな人がおり、それぞれが異なる意見・考えを持っています。それが自分の意見とは違ったり、相対する意見だったりすることは珍しくありません。その際、それぞれが自身の意見を主張することは、決して悪いことではありません。さらに、誰かの要望や依頼を断ったり、断られたりすることは、責められることでもありません。

職場で席を並べて仕事をしている人たちも、皆それぞれ異なる意見・考えを持っています。まずは「違い」に慣れ、人から自分と違う意見を言われたときは、「この人はこんな意見を持っているのだな」と思う癖をつけていきましょう。

そして今度は、人とは違う「自分の意見」を発言し、人からの依頼を断ってみましょう。まずは「今日のランチは何を食べようか？」というような、比較的簡単なことから始めるとよいでしょう。他のみんなが「おそばにしよう」と言っているところ、「私はパスタを食べたいです」と主張してみるとか、「私はパスタを食べたいので、別のお店に行きますね」と誘いを断るなどです。

なお、相手と違う意見や反対意見を述べるときは、相手に配慮した言い方を心掛けます。例えば、「○○さん、ご意見ありがとうございます。参考になります。私は○○さんとは、違う角度（立場）から、案を出してみました」など、相手の意見を尊重し、相手の人格を否定するわけではないことを示します。

断るときも、「このイベントを楽しみにしていて、早朝から並んで待っていたので、この席で見させていただけませんか？」「申し訳ありませんが、タバコは苦手なので、別の場所で喫煙していただけますか」などと、丁寧に伝えます。

自分が断られたときも、許容しがたく感じたときは、理由を尋ねたり、再度頼んでみたりしてみましょう。何もせず不満を抱え続けているよりも、すっきりするかもしれません。

第6章

こんなときどうする？
～プライベートのアンガーマネジメント

1 身近な人には腹が立ちやすい

プライベートでの怒りを考える際に、ぜひ理解しておいてほしいのは「身近な人に対しては腹が立ちやすい」ということです。怒りは期待の裏返しであり、関係が近いほど期待するからです。「分かってくれるはず」「こうしてくれるはず」と期待していたのに、そうではなかった、「裏切られた」と感じ、怒りが生まれます。

しかし実際には、相手にその期待や要望を伝えていないことが少なくありません。身近な人には「いちいち言わなくても分かる」「分かってほしい」と思っているからです。

また、伝えたつもりでも、言い方が不十分で、正しく伝わっていないことがあります。例えば、次のようなケースです。

夫が自宅に電話をかけ、妻に次のように伝えました。

夫「部下のお父さんが亡くなったので、これから会社を出て、お通夜に行くよ」

ほどなくして、夫が帰宅しました。

妻「あれ、お通夜に向かったんじゃないの？」

夫「これから行くんだよ。喪服の用意はできてる？」

妻「えっ、会社から直接向かうのかと思ったから、用意してないよ」

夫「だから、あらかじめ電話で伝えといたのに。まったく気が利かないな！」

客観的にこの状況を見ると、夫が伝え方を変えれば、妻の対応も変わり、問題は解決するはずです。夫は電話で「これから会社を出て、いったん帰宅して喪服に着替えてからお通夜に向かうから、喪服を出しておいてもらえる？」と言えば、妻も理解し、用意していたでしょう。しかし、夫は「そこまで言わなくても伝わるだろう」と妻に期待していたため、その裏返しとしてイライラするのです。

身近な人が相手だと、このように「自分は悪くない。分からない相手が悪い」と思いがちです。身近な人に対しては甘えが出やすく、冷静になりにくいという傾向があるからです。しかし、お互いが「相手が悪い」と思っている限り、何も変わりません。自分にできることをしたほうが、状況は改善します。

先のケースは、明らかに夫の言い方に問題があります。しかし夫に「あなたはいつも、伝えたつもりでいるだけで、肝心なことを言っていない」などと真正面から責めると、さらにへそを曲げてしまう可能性があります。そこで妻が一枚上手になって、夫の話に対して「私がやることは何？」と、尋ねるようにするのです。

夫は、何かやってほしくて妻に声を掛けているのに、その「何か」を言っていないことを自覚していません。しかし、妻から「やることは何？」と聞かれるたびに、徐々に言葉が足りていないことが分かるようになっていきます。本人にとって「普通」になっていることは、なかなか自覚できず、改善が難しいのです。

負けるが勝ち?

しかし、妻が「だって、明らかに夫が悪いでしょう。言わなくて困るのは夫なんだから、私はいちいち『私がやることは何?』なんて聞きたくないわ」とか、「『気が利かない』ですって? もう私は付き合いきれません!」などと言ってそっぽを向いてしまうと、二人の関係は改善されることなく、むしろ、悪化するおそれもあります。

相手が悪いのに、自分のほうが対応を変える、改善することに対して、「譲歩(自分の意見や主張を押さえて、相手の意向に従ったり妥協したりすること)」だと捉えると、納得がいかないかもしれません。しかし、「誘導(人や物をある地点・状態に導くこと)」「リード(うまくできるように相手を導くこと)」だと捉えれば、主導権を握るのは自分だと認めることができます。

プライベートでの怒りは、ある意味、「負けるが勝ち」という部分があるかもしれません。すなわち、争わず相手に譲ったほうが、自分にとって有利な結果になり、結果的に自分の勝ちにつながるのです。

Q2 時間にルーズな恋人

　二年ほどお付き合いをしている男性がいます。彼は時間にルーズで、待ち合わせのたびに遅れて来るのが悩みです。

　例えば先週も、約束の時間になっても現れないのでLINEしたところ、なかなか既読がつきません。ようやく既読になったと思っても、すぐに返事がなく、30分後にようやく「残業になった」という素っ気ない返事が届きました。こちらは外で待っているのに、謝るわけでもなく、残業が終わったら来るのか、約束をキャンセルしたいのかも分からず、イライラします。

　一人暮らしの彼の生活を気に掛けて、食事の支度をしてあげたり、部屋の掃除をしてあげたりすることもありますが、「おいしい」とか「ありがと

う」と言われたこともありません。なんだか思いやりに欠けるように感じ、
不満が募ります。

A

具体的なリクエストを伝えると同時に、依存度を減らしましょう

人が人に好意を抱くのにも、好意を持っていた人のことを嫌いになるのにも、実は理由があります。

人が人に好意を持つのは「共通点」があるとき、つまり、相手に親しみを感じたときです。また、逆に「自分にないよさ」を感じたときも、惹かれます。そして、相手が自分に好意や関心を寄せてくれると、うれしさを感じます。

しかし、「共通点」は、やがて慣れて、当然のこととなります。「自分にないよさ」と思っていたことには、別の面が見えてきて、「よさ」ではなくなります。例えば、「おおらか」だと思っていたことが「だらしない」と感じるようになったり、「明るい」と感じていたことが「軽薄」に見えてきます。相手の好意や関心にも慣れて、逆に、関係が近づいた分、がっかりすることが出てきます。

いずれも、期待が裏切られることで、相手を嫌いになってしまうのです。「私は大切にされていない」「私の気持ちを無視された」と感じると、それは怒りにつながります。

待っているのに来ない、連絡もないとなると、待っている側は、自分が雑に扱われたと感じて腹が立ちます。一方、待たせている側は「バタバタしていて連絡できなかった。でも、彼女は状況を分かってくれるはず」などと思っていたりします。待たせている側は確かに自己中心的ですが、親しい人には甘えて、寛容さを求めがちになるという側面もあるのです。

まず覚えておいてほしいのは、自分は自分の心掛け次第で変わることができますが、相手を変えることは難しいということです。彼に「あなたは時間にルーズだ」と指摘しても、本人が変わろうとしない限り、変わりません。「私が変えてあげる」というのは不可能であり、頼まれもしないのに変えようとするのは、相手にとって迷惑です。

待ち合わせは双方の約束事なので、相手に「具体的にこうしてほしい」というリクエストを伝えることが第一です。それと同時に、相手がリクエストに応えない場合のことも考えておきましょう。

よく約束に遅れて来るならば、「時間までに来るのが難しそうなら、必ず事前に連絡して」と相手に伝えると同時に、連絡がないときにどうするかを、自分で決めておきます。どのくらいなら待つか、待つ間に何をしているのか、などです。

例えば、待ち合わせの時間から15分までは待とう。その間は、どこか暖かい場所で本を読んでいよう、動画を見ていよう、などと決めるのです。ポイントは、自分で「待つ」と決めて待つこと。「相手に待たされた」と思わないことです。

大切にされていない、愛情が足りないと感じる場合は、相手に「寂しい」「大切にしてほしい」とストレートに伝えるのも、一つの方法です。しかし、相手に心理的に強く依存し過ぎないように、気をつけたほうがよいでしょう。

「私はこんなに耐えているのに」「こんなに尽くしているのに、彼は何もしてくれない」という被害者意識を持つと、相手に振り回されることになります。「自分の行動は自分の意思で行っている」と自分に言い聞かせることが大切です。

3 不平等な家事分担

Q

夫婦で共働きをしています。私はフルタイム勤務の会社員で、最近、努力が認められてプロジェクトマネジャーに昇格しました。これまで以上に残業や休日出勤も増え、仕事の責任感も増しましたが、充実した毎日を送っています。

夫は同い年の会社員ですが、家のことはほとんど何もしません。食事の支度や掃除、洗濯などは、すべて私が行っています。

例えば、夫は脱いだ靴下を、床の上にほったらかし。洗濯機に入れることすらしません。毎日のように会社から飲みかけのペットボトルを持ち帰り、台所やダイニングテーブルの上、ソファーなど、家中あちこちに置きっぱなしにします。私が片づけるまで、ずっとそのままです。

ティッシュペーパー、トイレットペーパーなどがなくなっても、知らん顔。「最後に使い切った人が補充して」と伝えても、「ガミガミ言うなよ」とムッとした表情を見せ、自分が悪いとは思わないようです。せめて、ゴミ出しくらいは分担してもらおうと思っても、毎回、忘れて出勤してしまいます。指摘すると「忘れてしまったものは、しょうがないだろ」と開き直るのです。

夫婦二人暮らしということもあり、夫は、私の負担はたいしたことがないと思っているようです。共働きなのに、私一人で家事を負担している、その「不公平感」にイライラが募ります。

A

「不平等感」の解消よりも、家事の合理化をめざしましょう

まず、認識しておくべきことがあります。それは、家事において、あなたは夫のことを、仕事を分担すべき「同僚」だと思っている一方、夫はあなたを「他社の人」だと思っているということです。つまり、夫は、家事を「あなたの仕事」

だと思っているのです。

あなたも、他社の人が、その人の仕事でどんなに忙しそうにしていたとしても、仕事を分担しようとは思いませんよね。また、もし、他社の人の仕事を分担しろと言われても、納得できないでしょう。夫に「自分は同僚である」と意識を改めてもらうのがベストですが、なかなか難しいかもしれません。現実的な手段として、あなたが「他社の人」に外部委託する気持ちで、夫に依頼する業務内容と、その理由を伝え、協力を仰ぐしかありません。

ここは、あなたは経営コンサルタントになったつもりで、業務改善を依頼されたと考えて、戦略を練りましょう。

まず着手すべきは、全容の把握です。家事を業務と捉えて「見える化」していきましょう。最初に「業務一覧表」を作成します。業務内容はもちろん、頻度や工数、現状の課題なども記入します。

例えば、洗濯機を回す、洗濯物を干す、朝食を作る、食器を洗う……など、家事を細分化して書き出します。そして、それぞれ毎日、毎週、毎月など、どのくらいの頻度で行うのか、作業時間はどれくらいかかるのか、困っていることは何なのかも追記していきます。

続いて、現実的な改善策を考えます。自分にとって負担が大きいと感じるもの、工数を要するものなどは、なくせないか、減らせないかを検討します。例えば、洗濯の頻度を2日に1回に減らす、食洗器を購入して自分で食器洗いをするのは止めるなど、合理化できる方法を探りましょう。

もちろん、「夫に任せる（分担する）」のも改善策の一つです。夫に「業務一覧表」を見せて、現状を理解してもらいましょう。夫に応援を頼み、快諾を得られて現状が改善するのであれば、あなたの「不平等感」も解消されるでしょう。

しかし、それでも夫が嫌がる可能性はあります。「不公平感」は残りますが、工数自体を減らし、あなたの家事負担を軽減するほうが合理的かもしれません。

本人が興味・関心を持っていないことのために行動してもらうには、「無理強い」「命令」はよい手段とはいえません。反発を招くからです。夫が関心のあることと絡めて、家事に興味を持ってもらうところからスタートです。

消費者に物を買ってもらうときの「ＡＩＤＭＡ（アイドマ）」の概念を参考に考えてみましょう。すなわち、「Ａ（Attention：注意）」知ってもらって、「Ｉ

(Interest：関心)」興味を持ってもらい、「D（Desire：欲求)」やってみたいと思わせ、「M（Memory:記憶)」覚えて、「A（Action:行動)」やってもらう、です。

例えば夫が機械や電気製品が好きであれば、一緒に最新の家電製品を見に行くことで、興味を持たせることができるかもしれません。また、夫が好きな男性芸能人のお料理動画を見せるなども、有効かもしれません。

本人が「やりたい」という意思のもと、自発的に動かない限り、他人が何かをやらせようとするのは難しいものです。単発ではできても、継続的にやってもらうのは至難の業でしょう。あれこれ考えて施策を試してみるのは、あなたの管理職としてのキャリアや部下育成にもきっと役に立ちます。

しかし、家でそうした面倒なことに労力を割くくらいなら、自分でさっさと済ませてしまったほうがよいという考えもあります。大事な時間と労力は、別のことに使うのも選択肢のひとつでしょう。

いつも不機嫌な夫

Q

夫の口癖が気に障ります。夫は家で「会社の上司がバカだから」「部下が生意気で」など、仕事関係の悪態ばかりついています。いつも不機嫌な顔をして帰宅し、玄関で靴を脱ぐなり大きなため息。「どうしたの？」と尋ねても、無視したり、ブツブツと文句を言うばかりです。

また、高校生の娘と中学生の息子がテレビを見て笑っていると、「くだらない。こんな番組のどこが面白いんだ」などとケチをつけるので、子どもたちは自分の部屋に行ってしまいます。

しかし、夫は、会社や家の外では無口で、何も言いません。家族にだけ偉そうにしている内弁慶な人なのです。親戚や友人が家に来た際も、その場では笑顔で愛想よく振る舞いますが、帰った途端、「図々しい客だ」などと言って、態度を豹変《ひょうへん》させます。そんな夫の言動が不愉快です。

CA

相手の不機嫌な言動に反応しない。モラハラはカウンセラーに相談を

アンガーマネジメントの基本的な考え方は、「環境や相手が変わらなくても、自分の考え方や行動は変えられる」です。つまり、夫がいつも不機嫌でも、あなたは「平常心を保つ」「楽しく過ごす」などから態度を選ぶことができ、不愉快にならずにいられるということです。これまでは「夫が不機嫌なので、私も不愉快」というロジックでしたが、これからは「夫は不機嫌でも、私は平常心」「夫が不機嫌でも、私は楽しく過ごせる」に変えればよいのです。

怒っている人、特に身近な人に対しては、相手の不機嫌な態度や言葉に反応せず、「相手の気持ちに寄り添う」か「静観する」とよいでしょう。夫が「バカな上司が……」と話し出したら、「いろいろ大変だね」と受け流すか、頷いて聞いていればよいでしょう。ただし、八つ当たりがひどい場合は、子どもたちのよう

に、その場を離れてしまいましょう。

内弁慶の人は、自信がなく、自分の考えや気持ちを相手に伝えることができません。けれども、それを認めたくはないため、相手の責任にし、相手の悪口を言うなどして、自分を納得させます。そのため、「相手にこうしてほしいと言えばいいじゃない」などと、正論で指摘されることも嫌います。

誰にでも苦手なことはあり、それを責められたくはないものです。水が苦手な人に「なぜ泳げるように努力しないの？」と言うのは酷でしょう。言われた側は、自分を守るために、相手に怒りをぶつけることにもなりかねません。

ただし、夫があなたが傷つくようなことを繰り返し言うのであれば、注意が必要です。「傷つくので、そんな言い方をしないで」と伝えても、謝ることなく「そんなことで傷つくほうがおかしい」などと言うのであれば、悪質です。

あなたは、夫の機嫌を損ねないようにといつも緊張し、我慢したり、遠慮したりするようになっていませんか？　そうであれば、夫のモラハラ（モラルハラスメント）、つまり、心の暴力である可能性が高いです。こうした場合は、一人で抱え込まず、モラハラ専門のカウンセラーに相談することをお勧めします。

5 子どもが言うことを聞かない

Q

4歳の男の子と、1歳の女の子を育てている専業主婦です。会社員の夫は、平日は早朝に出勤して深夜に帰宅するため、家事・育児のほとんどは私が担当しています。

4歳の息子がわがままで、まったく言うことを聞かず、ほとほと手を焼いています。毎朝、顔を洗うのを嫌がって逃げ回り、いつまでもぐずぐずして着替えない。朝食をダラダラ食べる。歯磨きが嫌だと駄々をこねる。いつも、幼稚園に行くまでに疲れ果ててしまいます。

また、毎日、ちょっとしたことで癇癪《かんしゃく》を起こし「ママ、嫌い!」「バカ」などの言葉を口にしながら、泣きわめきます。時には、まだ幼い妹に向かって物を投げつけたりすることもあります。2〜3歳はイヤイヤ期、4歳は反抗期だと頭では理解していますが、叩きそうになる気持ちを抑えるだけで精いっぱいです。

ママ友と話をしても、他の子はここまでわがままだとは思えません。どうしたら、少しでも言うことを聞く子になるのでしょうか？

A

自分の心に余裕を持つことが先決。うまくストレスを発散しましょう

幼児に「言うことを聞かせる」のは難しいものです。子どもは、大人の期待どおりには、なかなか行動してくれません。しかし、大人からすると、単に言うことを聞かずに反抗しているように見えることも、幼児期の成長段階においては重要な意味を持っています。

子どもは、1歳頃まで鏡を見ても自分だと分かりません。1歳半頃から自分が分かるようになり、2〜3歳で自分と違う存在が認識できるようになります。4歳くらいになると自分と他人の区別も明確になり、過去、現在、未来という時系列の区別もつくようになってきます。それに伴い、自分の意思がはっきりしてくるといわれています。

しかし、自分と他人の区別はついても、それぞれが違うことを考え、行動していて、他人が自分の思いどおりにならないことは理解できていません。4歳児はある意味、「人は、自分の言うことを聞くべき」と思っていて、それが叶わないことに腹を立てているのです。

そもそも子どもには、「親の言うことを聞くべき」という考えはありません。むしろ、親から何かを強いられることに対して、納得できないのです。成長の過程で、他人は自分の思いどおりにならないことや、人間関係、その他のルールを習得していきますが、4歳ではまだまだ「自分の好きにしたい」「自分の言うことを聞いてほしい」という気持ちが勝っています。

「バカ」「嫌い」などの暴言は、意味を理解して使っているわけではありません。そうした言葉を口にすると、相手が反応するのが面白くて言っているだけです。物を投げたり、泣き叫んだりするのも、自分の気持ちをうまく言葉で表現できないためです。「うちの子は、他の子に比べてわがままだ」といった心配は不要で、エネルギーが有り余っているのだと理解しましょう。

対処法は、とにかく冷静になることです。子どもの癇癪につられて、親も一緒になって怒ったり、声を荒らげたりするのは得策ではありません。

「この3つから選んで」などと子ども自身に選ばせることで「イヤ」を回避したり、「ママも困るよ」と抱きしめ、スキンシップで落ち着かせたり、「もうママは困ったから、サルになるよ」と、「サルごっこ」に転換するなど、子どものエネルギーをうまくかわすのも一案です。また、一緒に走る、ジャンプするなど、体を動かして、母子ともにエネルギー（母にとってはストレス）を発散させる方法も効果的ではないでしょうか。

いずれにしても、子どもはこれからいろいろなことを学び、成長していくのだと認識して、あなたが少しでも心に余裕を持てる方法を考えましょう。自分を助けるためにストレス発散の方法を考え、夫にも相談して、育児を協力してもらいましょう。

6 あんなに「いい子」だったのに……

Q

中学2年生の娘がいます。子どもの教育にはお金も手間も惜しまず、愛情いっぱいに育ててきたと自負しています。子どもが生まれる前から教育書を読んで勉強し、幼稚園のときからお手伝いをさせ、よい習慣が身につくよう気を配ってきました。

また、幼い頃から英語教室、音楽教室、水泳教室に通わせてきました。どれも無理矢理ではなく、子どもの自主性を尊重して選ばせたものです。当時は楽しんで通っていたのに、今では学校の英語の成績はさっぱりで、正直、あの苦労は何だったのだろうと思います。

幼い頃は、自分で部屋の片づけができる子だったのに、今は散らかり放題で、目にするたびにうんざりします。言い方が適当か分かりませんが、子どもの「質が低下」したように感じます。

小学生の頃はゲーム機を買い与えませんでしたが、中学校に入ってから自分でお金を貯めて買ってしまい、今ではすっかりゲームにハマってしまいました。「ゲームは一日一時間まで」という約束を決めましたが、私に隠れてこっそりやっているようです。

宿題や勉強になかなか取り掛からないため、それを注意すると「うるさい!」と反発するようになりました。思春期で反抗しているのでしょうが、「あんなにいい子だったのに」と残念な気持ちです。

A

思春期の子どもを受け入れ、「大人の扱い」を

幼い頃は自主的に学習や片づけもしていたはずの子どもが、今は「質が低下」したように感じる——幼児教育などに力を入れていた人たちから、同様の意見を耳にすることが少なくありません。期待外れになり、イライラする気持ちはよく分かります。

怒りは期待の裏返しなので、期待が大きい分、期待外れになった際の怒りも大きくなります。身近な相手、特にこれまで期待に応えてきた子どもなので、いら立ちますし、当然、これからも引き続き期待するでしょう。

小学校低学年の頃までは素直だった子どもも、高学年、中学生になるにつれて、自我が強くなり、親の言うことを素直に聞かなくなるものです。親から自立し、大人になろうとしている段階ですが、親への甘えもあり、暴言を吐いたり、反抗的な態度を取ったりもします。これまでとは違う考え方とアプローチをしたほうがよいでしょう。

そこで、子どもを「大人の扱い」をして、本人に任せるようにしてみましょう。まずは、「これからは『もう宿題したの?』とか『部屋を片づけなさい』とは言わないから、自主的にやってね」と伝えます。何も言われないのをいいことに、子どもの質が本当に低下してしまわないかと心配かもしれません。その場合は、「何も言わないと、やらないかもしれないという不安な気持ちもあるけれども、お母さんはあなたを信用することにしたから。もし、何か手伝ってほしいことがあれば言ってね」と、子どもに率直に伝えてください。

それからは、子どもが勉強や宿題、片づけをしている様子がなくても放っておきます。「やっぱりやっていない」「信じられない」などとは、決して口にしてはいけません。子どもが「信用されていない」とがっかりしてしまいます。

どうしても何か言いたい場合は、冷静さを失わずに、「自主的な行動は、あまりうまくいっていないようだけれども、どう？　何か手伝うことはある？」程度の声掛けに留めましょう。「もう何も言わないと決めたから言わないけれども、怒っているときは、お母さんは『怒り帽子』を被っているからね」と、それっぽい帽子を手作りし、被るのも手です。

そして、時々でも自主的に動いている様子があれば、「ちゃんと自分でやれているのは、すごいね」などと、評価する言葉を忘れずに伝えましょう。

大人の扱いをしても、不安定な思春期の子どもを受け入れる姿勢、話を聞く姿勢は失わず、子どもが何か言いたそうなときは、「どうしたの？　話は聞くよ」「何かしてほしいことある？」と声を掛けると、子どもも安心するでしょう。

7 古い価値観の押しつけ

Q

価値観の合わない両親と、うまく折り合えません。幼い頃から、専業主婦の母からは「女の幸せは結婚すること」「子どもを産み育てて一人前」「女は仕事なんてすべきでない」という考えを押しつけられ、窮屈に感じてきました。

大学に進学する際には、「女に学歴は必要ない。地元の短大か、そもそも大学に行かなくてもいい」と主張する父と言い争いになり、結局、父の反対を押し切って、都会の大学に特待生として進学しました。

大学進学と同時に家を出て一人暮らしをし、卒業後はそのまま就職して、今に至ります。

私には弟がいますが、両親は、男の弟には進学も就職も結婚も、何も口出しせず、自由に決めさせています。

今は両親とは距離を置いて暮らしていますが、年に何回か、ふと当時のことを思い出し、怒りが込み上げてきます。そのたびに、半日から1日は怒りが収まりません。

A

意識を「今、ここ」に戻しましょう

ふと何かの拍子に過去の出来事を思い出し、怒りがよみがえってくる「思い出し怒り」。何十年も前のことでも、今起きていることのように「許せない」という気持ちになります。

あなたの場合、母親に価値観を押しつけられ、父親から大学進学を反対されたことなどが、強い怒りとなって心の中に残っているのでしょう。

大学進学当時は、自分の考えを否定し、進もうとする道に立ちはだかる父から心を守るために、あなたは怒りを発生させる必要がありました。その結果、自分の考えを貫いて希望の大学に進学して一人暮らしを始め、以降は両親とは離れて過ごしてきました。

しかし現在は、親から自分を守る必要はありません。怒りは、あくまでも「過去のこと」にすぎません。

思い出し怒りをする人は、本来なら忘れてもよいはずの「過去」にとらわれてしまっています。同時に、「いつか（未来）」、報復してやろうと考えていることもあります。意識が「過去」や「未来」に行き、「現在」から離れてしまっているのです。

そこで、「思い出し怒り」をしそうになったら、意識を「今、ここ」に戻す必要があります。例えば、怒りを思い出しそうになったら、利き手とは逆の手だけを使って過ごすことなどが効果的です。利き手と違い、意識を「今、ここ」に集中させざるを得なくなるからです。

また、「グラウンディング」という方法もあります。直訳すると、地面に置くということですが、意識を身の回りにある何かに集中させるというものです。例えば、手のひらの皺《しわ》の長さや形を観察する、商品パッケージの細かい注意書きを一文字ずつ読んでいくなどです。いずれも「今、ここ」に意識を集中させることにより、「過去」の怒りや「未来」の報復を考えずに済みます。

「マインドフルネス」も、「今、この瞬間」に集中する考え方です。実践方法として呼吸法や瞑想法《めいそうほう》があり、日頃から生活に取り入れると、心を整えることができます。

過去の出来事のために、現在のあなたの大切な時間を費してしまうのはもったいないと思いませんか？　自分に合った方法を探し、「思い出し怒り」の兆候を感じたら、自分の意思で、意識を「今、ここ」に戻しましょう。

8 子育てに口を挟む実母

Q

家から歩いて5分のところに私の実家があり、60代の父母が暮らしています。定年退職して隠居生活を送っているとはいえ、二人ともまだまだ元気で、時間と体力を持て余しているようです。特に母は、週に1回、趣味のフラワーアレンジメント教室に通う以外は予定がないらしく、頻繁にわが家を訪ねてきます。

昨年まで私立高校の教員として働いていた母は、孫の教育について口を挟みたがります。そして、小学校から帰宅した私の娘に、いろいろな教材類を与えて学習指導をしようとしますが、正直、迷惑です。

母は教育者としての誇りを持っており、確かに、教育の知識も経験も豊富だとは思います。でも、私の娘はおとなしく、おっとりした性格で、母の厳しい指導や、競争心をあおるような上昇志向の強い勉強方法には合わないと感じています。

このままだと、娘が自信をなくしてしまうのではないかと心配です。もちろん、母には私の意見も伝えましたが、聞く耳を持ちません。そんな母に憤りを感じます。

A

母にはお礼を言い、子どもの様子を見ながら決めましょう

行動のコントロールの「分かれ道」（47ページ）では右上、「重要だが変えられない」ことになりそうです。

母の教育への自信、孫の指導をしたい気持ち、聞く耳がないところは、簡単には変えられなさそうです。しかし、娘の教育に介入してほしくないのなら、「現実的な選択肢」を探す必要があります。

例えば、母が「暇を持て余している」ことへの解決策を考えてみるとよさそうです。小学生の孫一人に放課後の学習指導をすることよりも、もっとエネルギーを注げる対象を探して、提案してみましょう。

パートタイムなどで再就職する、大学院で研究する、自ら教室を開く、ブログを書く、オンライン講座を開催する、ユーチューブで動画配信をするなど、いろいろな方法があります。一緒に活動する仲間を募ってもよいでしょう。

あるいは、現役の教員時代には忙しくてできなかったことにチャレンジしてみるのもよいかもしれません。教育分野でなくても、ゼロベースで考え、今こそやりたいことをやっていただいたほうがよいと思います。

例えば、フラワーアレンジメントを極めて自分が講師の立場になるとか、フラワーセラピーのようなことで、花を教育に活かす方法を考えるとか、本人の興味・関心に沿って情報収集し、じっくりと考えてもらいましょう。

子育てに父母・義父母が介入してくることは、よくあります。子育てにおける「べき」は、一人ひとり違いますが、身近な相手だと、お互いに自分の主張を譲らず、事をこじらせることがあります。さらに実の両親が相手だと、義父母の場合よりも遠慮がなく、感情的になりがちです。

だからといって、相手を否定したり、相手を変えようとしたりしないことです。まずは、母の話を聞き、「アドバイスありがとう」とお礼を言いましょう。分からなくもない部分、一理あると思う部分は参考にして、実際にどうするかは、自分と夫で話し合って決めればよいでしょう。

そもそもの教育の主体は子どもです。子どもの意見に耳を傾け、リアルな様子を観察しながら、まずは子どもが、次に自分と夫が、長い目で見て健康的でいられそうな方法を採用するのがベストです。そして、子どもの成長の過程で定期的に見直し、その都度、更新していけばよいでしょう。

9

義父母の理不尽な決めつけ

Q

数年前まで都市部で働いていましたが、夫が家業を継ぐことになり、夫の地元に引っ越してきました。義父母とは同居せず、近くに住んでいます。

離れて暮らしていた頃は良好な関係を築いていましたが、近所に引っ越してきた途端、義父母とギクシャクしています。というのも、義母が私のことを「雨女」だと決めつけ、責めるからです。

義母は、自分たち一族は「晴れ男・晴れ女」なのに、私だけが「雨女」だと信じています。最初は、私の何かが気に入らず、文句をつける材料がほしいのだろうと思っていました。しかし、家族旅行や法事、家業の行事などで雨が降るたびに、「あなたの心掛けや行いが悪いから、雨が降るのだ」と強い口調でとがめられ、だんだん気が滅入ってきました。

義父や夫も、自分たちの一族が「晴れ男・晴れ女」であると信じて疑いません。そのため、雨が降ると、夫まで「やっぱり……」と言い出し、そんなのおかしいと思いながらも、だんだん自信を失ってきています。

A

自分で解釈を変換し、理不尽な言葉を笑い飛ばしましょう

非科学的な主張でも、しつこく言われ続けると、だんだん気が滅入り、自信を失ってくるものです。しかも、夫にまで同調されると、悲しい気持ちになりますよね。

しかし、冷静さを取り戻し、科学的に考えてください。人が心がけや行いで天候を操ることはできません。そもそも雨は「恵みの雨」でもあり、歴史的には、世界各地で「神様の贈り物」と見なされているものです。緑化や干ばつ対策として心がけや行いの悪い人を砂漠に派遣したところで、成果は得られません。

義母からどんなに強い口調で何を言われたとしても、相手の言葉に反応しないことが大事です。怒ったり、落ち込んだりせず、むしろ、自分で解釈を変えて、褒められたかのように受け取ってしまいましょう。つまり、「あなたの心掛けや行いがよいから、雨になる」と変換してしまうのです。

そして、「ありがとうございます。雨は神様の贈り物と言われているので、光栄です。でも、私には雨を降らせる雨乞いの能力はないですよ」と笑い飛ばしてしまいましょう。あなたを責めているのに、あなたがダメージを受けるどころか笑っていると、義母も調子が狂って、責める気力を失うかもしれません。

義母の心理状態を考えてみましょう。義母は、自分たち一族が「晴れ男・晴れ女」、いわば「プラスの存在」だと思っているようです。本来、あなたも法的には一族の一人ではあるのですが、そうとは見なしていないようです。

義母からすると、あなたはよそ者で「雨女」、いわば、「マイナスの存在」と捉えています。そして、晴れたほうがよい日に雨が降るのは、あなたのせい。つまり、あなたが悪影響をもたらしているという解釈です。

言うまでもなく、これは八つ当たりです。おそらく、あなたのことか、それ以外の別の何かにより、義母の心はマイナスの状態に傾いているようです。義母は、あなたに「こうしてほしい」という具体的なリクエストを伝えることができず、また、愚痴を言ったり、楽しく会話をしたりする相手もおらず、寂しいのかもしれません。

義母の怒りの燃料が何なのか、冷静に観察してみてください。もし、あなたに寄り添える余地があるならば、寄り添ってみてもよいかもしれません。

しかしながら、義母が怒っているのは、あくまでも義母の選択なので、あなたは一切関わらないという選択肢もあります。あなたは、科学的でロジカルな人や、自分にとって楽しい人と話をするなどして、気持ちをニュートラルに保ちましょう。

ただし、夫に対しては「理不尽なことで、義両親と一緒に責められるのは、悲しい」と、自分の気持ちを伝えたほうがよいでしょう。

10 価値観の合わないママ友

Q

小学校に入学したばかりの息子を育てながら、自宅でフリーランスの仕事をしています。これまでは保育園に通っていたため、周りは共働き家庭ばかりでした。保護者同士は、送り迎えの際にあいさつをする程度で、そこまで深い交流はありませんでした。

ところが小学校に入学した途端、平日の昼間に、ママ友同士のランチ会が頻繁に開かれるようになり、戸惑っています。ランチ会に参加するのは、専業主婦のママばかり。私の仕事は時間に融通がきくため、毎回参加していますが、なんとなく居心地の悪さを感じています。

話題になるのは子育てのことや家庭のことなどで、共感できることは、もちろんあります。しかし、「幼い子どもを保育園に預けて働くなんて、信じられない」「フルタイムで仕事をしていたら、家のことなんて何もできないんじゃない？」といった発言もあり、考え方や価値観が合わず、イライラすることも多いです。

いつも「参加を見合わせようかな」と思うのですが、他に話ができる友達もいないので、結局、参加しています。仕事をする時間は減ってしまうし、イライラしつつも適当に話を合わせているので、気疲れします。

A

違う考え方・価値観は、自分の視野を広げてくれると捉えましょう

一人ひとりの考え方や価値観は違うので、同い年の子どもを育てるママ友同士でも、子育てや家庭の話が合わないことはあるでしょう。

お互いに気兼ねせずに率直に話ができ、「へ〜、そうなんだ」「なるほど、そういう考え方もありだよね」と、自分とは違う相手の考え・価値観を認め合えるのなら、悪くはない、むしろ刺激になってよいと思います。

しかし、イライラしながらも適当に話を合わせて、疲れた時間を過ごすのであれば、交流する意味は、あまりないかもしれません。

共感できることがあるならば、まずはそちらを追求していきましょう。同時に、自分とは違う考え方・価値観を「そういう捉え方もある」と、視野を広げる方向で受け止めるとよいと思います。次第に慣れてきたら、「なるほど、そうなんだね。私はちょっと違う考え方かな。聞いてもらえる?」と、自分の考えも話してみてはどうでしょうか。

しかし、自分の考えをなかなか言えない状態だったり、あなたの意見に対して、皆が否定的な反応だったりする場合は、少し距離を置いたほうが無難です。あらかじめ「ランチ会に参加するのは何時まで」と決めたり、参加する頻度を減らすのです。「仕事があるので、○時になったら帰るね」「締め切りが迫っているので、しばらく参加できないかも」と言っておけば、責める人はいません。

そして、少し様子をうかがいましょう。距離を置いても疲れるような付き合いなら、思い切って、交流を断ってしまってもよいかもしれません。そのグループの外に、気が合いそうな人、居心地のよさそうな相手を探してみてください。

保育園時代の保護者や、仕事関係にもいるかもしれません。あるいは、ネットのグループでも構いません。物理的に近所に住んでいるのに心の距離が遠い人たちと、我慢しながら交流するよりも、遠く離れていても心の距離が近い人たちと楽しく交流したほうが、健全でしょう。

どんなに考え方・価値観が似ている人であっても、違う部分は必ずあります。方向性は同じでも、具体的な部分で異なる意見を持っていたりするものです。自分と違う意見のことを「自分を否定している」と捉えると、相手を許せず、裏切られた気がします。逆に、自分は相手と違う意見であるのに、遠慮して相手に合わせ、自分が我慢すれば、それはストレスとなります。そして、せっかく相手に合わせたのに、相手が意見を変えると、納得できない気持ちになります。

違いは「悪」ではなく、「多様性」です。お互いに相手を受け入れる余裕があれば、心が近い付き合いができます。意見の食い違いで困ることがあれば、その都度、話し合ってルールを決め、守っていけば、トラブルにはなりません。

11 図々しい親戚とのお付き合い

Q

夫は長男ですが、地元を離れて暮らしています。義父は地方公務員であり、夫の実家は老舗の店や旅館でもありませんが、夫の実家や親戚家族は、すぐに「本家」という言葉を口にします。どうやら「本家」とは長男の家のことを指し、跡継ぎという意味で使っているのだと、最近ようやく理解しました。

古くなってきた義実家の補修をするときには「本来は、本家がやることだから」と費用負担をさせられ、法事では「本家だから」と他より多くお金を包むことを要求され、事あるごとに「本家」を理由にお金を出させられることに、解せない気持ちです。

また、親戚は頻繁にわが家を訪れ、スーツケースなどを借りて行きますが、それらが返って来たためしがありません。あまりの図々しさに辟易《へきえき》していますが、夫に言っても、弱気な態度です。

CA

「まあ許せるゾーン」を見つけ、相手と交渉しましょう

夫の実家や親戚が持つ「べき」は、あなたと違うようです。夫が地元を離れて暮らしているため、「本来は本家がやること」をできないのであれば、代わりに「その分のお金を出すべき」と考えているのでしょう。あなたにとっては、理不尽で図々しく感じられることだと思いますが、夫の親戚は、それが正しいあり方だと思っているのです。

夫は、親戚の「べき」を分からなくもない、否定はできないと思っているので、あなたからすると、弱気な態度に見えるのです。あなたの考えを夫に訴え続けても、板挟みになる夫は困るだけでしょう。

このように「べき」でぶつかりそうな場合は、具体的な落としどころとして、

「理想」はこうだけれど、「せめてこうだったらよい」というライン、すなわち三重丸（44ページ）の二番目「まあ許せるゾーン」を見つけることです。このケースであれば「義実家の補修にいくらまで出せるか」などです。それをこちらの要望として伝え、相手と交渉してみましょう。

また、借りた物を返さないのは、相手に悪気はなく、何かのついでに返そうと思って忘れている可能性も考えられます。大切なものならば、自ら連絡して「来週使うから、すぐに送り返してもらえる？」と頼んでみましょう。そして、今後は貸さないか、もしくは「貸したら返って来ない」という前提で渡しましょう。

親戚の場合、家族のあり方、夫や妻のあり方、子どもの育て方などに関する「べき」が違うことは多々あります。そして、特に年長者は、持論を「常識」として押しつけてくることがよくあります。相手の「べき」を「それは古い考えです」などと否定しても、たいていは平行線のまま、状況は改善されません。相手の言葉に反応しないことが一番です。そして、相手が変わらなくても、自分の考え方や行動は変えられることを思い出しましょう。

12

隣室のタバコ臭が迷惑

Q

賃貸マンションで一人暮らしをしています。同じマンションに、ルールを守らない人や、マナーが悪い人がいて、困っています。ゴミの分別ルールを守らない、ペット禁止なのに隠れて飼っているなどです。

その中でも一番腹が立つのは、隣の部屋から漂ってくるタバコの臭いです。マンションの管理規約でベランダでの喫煙は禁止されていますが、居室内では喫煙可能です。

隣の人はキッチンの換気扇の下で喫煙しているのか、排気口から出た臭いが、私の部屋に流れてきます。ベランダに干した洗濯物がすっかりタバコ臭くなってしまい、全部洗い直したこともあります。窓を閉めていても、部屋の中に流れてきます。

一度、隣室の人に苦情を言ってみようかと思いますが、逆恨みされても困るし、行動に移せません。

A

互いの「べき」は戦わせず、第三者を介して相談をしましょう

近隣のトラブルは、第三者を介したほうがよいと言われます。トラブルを訴える側、訴えられる側、両者の毎日の生活に関わる、繊細な問題だからです。当人同士でやり取りすると、「べき」の戦いになることが少なくありません。

トラブルを訴える側は「これまで我慢してきた」という思いから、溜め込んだ怒りを爆発させやすい一方、訴えられる側も「うちだって、おたくのことで我慢もしているし、あれこれ気を使ってきた」などと、こじれることがあります。

客観的な立場で対処できる第三者として、マンションの管理会社、自治会、行政の相談窓口、警察、弁護士などに相談するのが一般的です。しかしながら、居室内での喫煙は「受忍限度」内、すなわち一般生活で我慢しなければならない範囲となりそうです。

現状では、行動のコントロールの「分かれ道」（47ページ）で、右上「重要だが変えられない」ことに分類されそうですが、これを、右下「重要ではなく変えられない」にシフトさせ、そして「放っておく」「関わらない」ようにできるかどうかが、平穏な毎日を送るカギとなるでしょう。

洗濯物の件で困っていることを管理会社に相談し、換気扇の位置や種類を変えることで改善されないか、対応を依頼してみましょう。対応が難しければ、換気扇の下で喫煙しないとか、土日の昼間は喫煙しないなど、隣室の人にもお願いしてみるとよいかもしれません。

13 友人のSNSにモヤモヤする

Q

SNSをチェックするのが日課です。でも最近は、学生時代の友人がSNSで自慢げな投稿をするのを見るたびに、なんだかモヤモヤします。

フリーランスで働いている友人は、事あるごとに「モデルの○○さんから『どうしてもあなたにお願いしたい』と、頼まれてしまいました」などと書き込んでいます。

それに対して「実力がありますから」「あの人気モデルの○○さんに認められるなんて、すごいですね」というコメントが寄せられているのにも、なんだかいら立ちます。

また、別の知人も「今月は休みがないと言うと、皆さんから心配されるのですが」とか、「3歳の息子には本物の味を食べさせたいので、時間がかかったけれど、信頼できる農園から野菜を取り寄せ、全部手作りしました」などと投稿しています。どれも苦労話に見せかけた自慢が目につき、うんざりします。

A

「見ない」のが一番！ 人の自慢話は放っておきましょう

一番の解決策は「見ないこと」です。行動のコントロールの「分かれ道」（47ページ）で、右下「重要でなく変えられない」場合は、「放っておく」「関わらない」が対応になるからです。

しかし、わざわざ見てしまうのは、気になるからでしょう。SNS（ソーシャル・ネットワーキング・サービス）で自慢する人と、それを見てイライラする人の心理は、実は同じです。自分に自信がなく、「もっと私のことを認めてほしい」と思っているのです。

人は誰でも、自分のことを認めてほしいという「承認欲求」を持っていますが、自慢する人も、それにイライラする人も、この承認欲求が強いのです。

SNSは、「いいね」や、賛同するコメントで、承認欲求を満たしてくれます。友人、知人も、わざわざSNSで伝えることで、「人気モデルから指名されるぐらい、実力がある」「休みが取れないほど活躍している」「本物志向で、理想的な子育てをしている」などと認めてほしいと思っています。こうしたことは、本人がその状況に満足していれば、わざわざ詳しくSNSでアピールする必要はないはずです。

そして、そうした書き込みが気になってしまう人は、自慢している人が、本当は自分と同じように自信がないことに気づいて、好奇心をそそられるのです。そのため、その投稿を見ては「たいしたことはない」「痛い人」などと思って、溜飲を下げています。

けれども同時に、自慢する人の「私ってすごい」というアピールが、「あなたよりすごい」と見下されている、マウンティングされているように感じられ、イライラするのです。マウンティングは、動物が自分の優位性を示す行動ですが、人がそうされたと感じるのは、自分に自信がないからです。

例えば、友人が、自分が持っている資格の下位資格を取ったと聞いても、自慢された、マウンティングされたとは思わないでしょう。誰かが「すごい」とコメントしても、そこにイライラは感じないはずです。

誰の、どのような自慢でも、その多くは、歴史上の人物の活躍などと比べると「たいしたことはない」という事実を踏まえれば、どんぐりの背比べです。あなたが自信を失う必要はありません。やはり、人の自慢話は放っておいて、自分のことに集中したほうがよさそうです。

14 ネット上の匿名の悪口

Q

ボランティアで定期的にゴミ拾いイベントを行っています。友人から「SNSにあなたの悪口が書かれている」と耳にしました。確かめたところ、「黙ってやればいいのに、目立ちたがり屋」「いかにも『いいことをしています』というアピールが、偽善的で寒気がする」という悪口に加えて、「知り合いが化粧品を売りつけられた」「宗教の勧誘をしていた。だまされないで!」など、事実無根の誹謗《ひぼう》中傷も書かれています。

匿名で、誰が書いたのかは分かりません。誤解というより、事実を曲解して非難されており、本当に頭に来ます。どうして直接言わずにSNSに陰口を書くのでしょう。事実を知りもしないくせに、多くの人に拡散されており、本当に不愉快です。

基本は「静観」、ただし実害がある場合は法的措置も検討しましょう

SNSで非難したり、悪口を書いたりするのは、以前から大きな問題になっています。投稿者の多くは匿名で、身近な人や有名人などの言動について述べています。書かれていることは、思い込みや悪意に基づくことが多く、事実ではなかったり、事実の中の一部分を故意に切り取っただけということが多々あります。多くの人に拡散される中で、事実と違う意味合い、本来とは逆の解釈になっていくことも珍しくありません。

投稿者は、相手に直接伝えることができないので、うっぷん晴らしをしていることが少なくありません。特に相手が有名人の場合、こちらは親しみを持っていても、実際には遠い存在です。ところが、やり場のない怒りをSNSに投稿することで、フォロワーから賛同を得て、たくさんの人が読み、場合によっては有名人本人の目に留まる可能性もあります。自己肯定感を高め、自信を持つことがで

きるのです。

自己肯定感が低い人や、自信のない人は、自分を過大評価していたり、プライドが高かったりすることがよくあります。「本当の自分はもっとすごい」「自分はもっと認められていい」と思っているからこそ、すごくない自分、認められていない自分を肯定できず、自信も持てないという側面があるのです。

自己肯定感が高いと、できないことがあっても「自分はダメだ」とは思わず、「できないことに挑戦した」と捉えて満足できます。しかし、自分を過大評価していたり、プライドの高い人は、自分が思ったようにできなかったり、人から評価されないことで自分の心が傷つき、怒りが生まれます。そして、改善する努力をすることより、自分は被害者だと捉え、加害者・悪者を探して叩くことに意識が向かいやすいのです。

多くの人と一緒に怒り、相手を叩くことで、連帯感を得ます。さらに、情報が拡散していくことで、自分の影響力や存在感を感じられ、満足するのです。

悪口を書かれる側は、濡れ衣を着せられたり、誤解を解こうとしても「嘘」だと決めつけられたり、なかなか身動きが取れません。反論も叶わず非難や暴言が浴びせられたりすることも多々あります。多くの人や関係者に誤解され、否定されることで、傷つき、自殺という最悪の結果を招くこともあります。

こうしたSNSの悪口には、どう対処したらよいのでしょう。相手を特定し、やり込めたい気持ちはあるでしょう。しかし、基本は静観、すなわち「放っておく」「関わらない」ことです。時間の経過とともに、相手はあなたのことを忘れていく可能性が高いからです。

ただし、あまりに行き過ぎた誹謗中傷により、大きな不利益を被ったり、身の危険を感じたりした場合は、法的措置を取ることも考えましょう。警察に相談したり、スクリーンショットを撮って投稿者と書き込みを保存しておくと、告訴に持ち込むこともできるかもしれません。

ただし、相手は、こちらの気持ちに対する想像力に欠けており、不毛な争いに終わることが目に見えています。そこにかける労力と心理状態を考えると、自分の貴重な時間は別の有意義なことに使ったほうがベターではないでしょうか。

15 プライベートをこう捉えれば楽になる

プライベートでは、相手をどうしても自分の思いどおりにさせたい、支配したい気持ちになりがちです。親密度合いに比例して、お互いに対する甘えも大きくなり、期待過剰になりやすく、冷静さを失いやすい傾向があります。怒りを感じたら、何度か深呼吸をするなどして、まずは落ち着きましょう。そして、そもそもの目的を思い出しましょう。そもそも、自分は何をしたいのか、相手とどういう関係でいたいのか、を考えるのです。

例えば、楽しみにしていた旅行が、夫の仕事の都合で取りやめになってしまったとします。

「ねえ、どうにかならないの？　上司とか同僚に代わってもらえないの？　ていうか、他の人に頼まないあなたが悪いよね。せっかく楽しみにしていたのに、許せない。家庭より仕事が優先なわけ？本当にあなたには、がっかりだわ」

怒りに任せて、夫にこのような言葉をぶつけた後、「はあ、なんで思いどおりにならないことが多いんだろう。人生は悪いことばかりだわ」と不機嫌になるのは、夫もあなた自身も傷つける結果となってしまいます。

相手に怒りをぶつけて不機嫌になるのではなく、冷静になり、そもそもの旅行の目的や、夫との望む関係を思い出しましょう。旅行の目的は、夫と一緒にゆっくり過ごすこと、旅先での時間を楽しむことではないでしょうか。旅行を通じて、夫とより仲良く、お互いの理解が深まることを望んでいるはずです。

そうであれば、夫に掛ける言葉は、前述のセリフとは違うものになるはずです。「残念だけど、また今度、計画を立てようね」「大変だね。仕事が終わったら、おいしいものでも食べに行こう」などのほうがよいでしょう。もし、自分にどうしても日程変更できない用事が入ってしまった場合、相手からどう言われるとうれしいのか、どう言われると悲しいのかを考えましょう。

「子どもに言うことを聞かせる」は、当然なのか？

また、子どもが言うことを聞かない、親との約束を守らない場合について、考えてみましょう。最初は穏やかに話していても、改善されないままだと、だんだん怒りが増してきて、怒鳴ったり、叩きたくなったりするかもしれません。

親子関係においては、「子どもは親の言うことを聞くべきであり、親が子どもに言うことを聞かせるのは当然だ」という考え方が多数派です。けれども、この考え方は、「支配」と近いところにあります。

親は、子どもを教育する必要がありますが、行き過ぎると、教育の名のもと、支配しようとしてしまうことがあります。支配とは、「子どものため」と言いながらも、子どもの意思を尊重せず、親が正しいと思うことを押しつけるものです。また、一見、子どもの意思を尊重しているように見える場合でも、子どもは親に見捨てられるのが怖くて、親が期待する答えを口にすることもあります。

体罰は、かつては「教育」の範疇でしたが、今は学校でも家庭でも禁止されています。けれども、「厳しくしつけないと、ダメな人間になる。口で言っても分からないときは、体罰も致し方ない」「愛のある体罰は許される」と考えている人も、いまだに存在します。

しかしながら、体罰は、暴力による支配です。人を支配するために使われる典型的なものが「アメとムチ」で、言うことを聞けば、アメ（褒美）を与え、聞かなければムチ（罰）を与えます。この方法は、短期的には効果があるように見えても、効果は持続せず、根本的な解決にはつながりません。特に、知的作業ではやる気を失わせてしまうことが、研究で分かっています。

子どもは「今、ここ」のほうがピンとくる

では、家庭内で、子どもを怒鳴らず、叩かず、どう指導していけばよいのでしょうか。相手の目を見て、真面目に「こうしてほしい」と繰り返しても、子どもは、なかなか従ってくれないこともあります。なぜなら、子どもは「今、ここ」の自分の欲求を優先し、親や誰かに支配されたくはないのです。

「今こうしないと、後でこうなる」という説明、例えば「急いで支度しないと、幼稚園に間に合わなくなる」といったことは、実際に自分が体験して、実感して学ばない限り、ピンときません。また、もし実際に間に合わなくても、子どもは

親に連れて行かれているだけなので、自身は何も困らず、他人事です。

子どもにとっては、むしろ「今、ここ」で興味や関心を持てること、モチベーションが高まることのほうが、ピンときます。175ページの「サルになる方法」や、179ページの「怒りの帽子を被る方法」は、そのひとつです。

ゲーミフィケーションを取り入れる

職場で、仕事にゲーム（遊び）の要素を取り入れて、社員・職員のモチベーションを高める方法として「ゲーミフィケーション」という手法があります。これを、子どものモチベーションを高め、自発性を促すために取り入れるとよいと思います。

遊びの要素に関しては、フランスの社会学者、ロジェ・カイヨワが4つに分類し、一般社団法人モチベーション・マネジメント協会が、それをかみ砕いて説明しています。

遊びの4つの要素は、勝ち負けを競う「バトル（競争）」、当たり外れを楽しむ「ギャンブル（運）」、非日常の体験、面白い体験の「バーチャル（模擬）」、くるくる回ったり飛び降りたりする体験の「スピード（眩暈《げんうん》）」です。

勝ち負けを競う「バトル」は、特に男の子のやる気を高めることに有効なようです。たくさんの子どもたちに「並びなさい」と言ってもなかなか並ばないようなときは、「早く並んだ人が勝ち」と言うと、喜んで並ぶようになったということがあります。これは兄弟にも効果的なので、「早く着替えたほうが勝ち」などと競争させると、朝の支度もスムーズに進むかもしれません。

親がサルや他の動物になったり、怒りの帽子を被っていたりするのは、非日常的で「バーチャル」の一種です。自分の子どもに効く遊びを見つけ、ここぞというときに使うと、怒鳴ったり叩いたりすることを回避できるでしょう。

子どもだけでなく、恋人や夫などに対しても、正面から真面目に「こうしてほしい」と繰り返しても通じない場合はあります。そうした場合は、少し角度を変えて、ゲーミフィケーションやモチベーション・マネジメント的な視点からアプローチするのも手でしょう。もちろん、職場でも活用できます。

おわりに

私がアンガーマネジメントを知ったのは偶然でしたが、この考え方・あり方は、ビジネスパーソンの仕事をスムーズにし、ビジネスを成功に導くのに役立ちそうだと思いました。

私は20代のとき、東京のベンチャー企業の創業から3カ月目に、立ち上げのメンバーとして加わり、40代までその会社で管理職として過ごしました。

この会社は、全国の中小企業向けにビジネス情報を提供したり、経営支援を行ったりする会社で、私は、経営者向けビジネス雑誌・ウェブマガジンの編集長、コンテンツ開発局長、チーフコンサルタントなどとして働き、5000人以上の経営者を取材、コンサルティングしました。

当時、日本は「失われた10年」「失われた20年」ともいわれる、バブル崩壊後の経済低迷期だったにもかかわらず、会社は急成長し、創業から9年で店頭公開、

15年で東証一部上場しました。また、顧客の中小企業も急成長し、次々に上場しました。

このような現場の空気は、常にハイテンションで、勢いがあり、ハイスピードで物事が回っていました。

5000人以上の経営者を取材、コンサルティングする中で、うまくいく経営者とそうでない経営者の違いのひとつに、「物事の捉え方」「気持ちのあり方」があると感じていました。

そして、後日、アンガーマネジメントを知った際、アンガーマネジメントの考え方・あり方は、うまくいく経営者の考え方・あり方と非常に近いものだと感じました。それは、「何かよくないこと、問題が起きたときに、環境や人のせいにせず、自分ができることに集中する」というものです。

経営者のみならず、管理職でも一般のビジネスパーソンでも、仕事だけでなくプライベートでも、この姿勢は、物事を、そして人生をうまく運ぶのに役に立つのではないかと思います。

人が「思いどおりにならなくてイライラする」というのはよくあることですが、うまくいく人は、思いどおりにならなくてもあまりイライラしません。瞬間的にイラっとしても、すぐに冷静になれます。

それは、「思いどおりにならないこと」に慣れているからです。

そして、傍目から見ると、次々に新しいことをやり、うまくいっているように見える人の中には、「思いどおりにならないこと」に慣れているため、思いどおりにならなくても、落ち込んだり、イライラしたりしないのでうまくいくという人が少なくありません。

新しいことを始めようとすると、慣れていないうえに、随所に足りない部分があり、最初からうまくいくことは、あまりありません。それが「普通」なので、いろいろなやり方を試し、様子を見ながら、淡々と修正・改善していくことになります。

日常生活でも、思った以上にうまくいくこともあれば、パッとしないこともあります。いろいろな戦略を考えて、俯瞰《ふかん》して比べ、試してみると、うまくいく道筋が見えてきたりもします。

「せめて〜ならば」をずらせば、イライラしない

思いどおりではない場合、いろいろな戦略を考えたり改善したりする前に、まず「せめて〜ならば」をずらすと、イライラしません。

例えば、体重が重いことを気にしている人は、「せめて体重がもっと軽かったら」と思いますし、年齢が高いことを気にしている人は、「せめてもっと若かったら」と思います。この「せめて〜ならば」を、すでに自分がクリアしているラインまでずらせば、思いどおりではなくてイライラすることはなくなります。

つまり、体重が重いと気にしている人は、今よりももっと体重が重い場合を考え、「せめて現在の体重ならば」と思うようにし、自分の年齢を気にしている人は、もっと歳を重ねた場合をイメージし、「せめて今の年齢ならば」と思えばよいのです。

そうすれば、現状が0（ゼロ）、基準点となります。マイナスではないので、イライラしません。減点法から加点法に変えるということでもあります。

同様に、子どもに対して腹が立つ人は、「せめて子どもが元気に生きていれば」などと考えると、イライラは消え、子どもが生きているだけで感謝の気持ちにつ

ながるでしょう。あとはどんどん加算されていきます。

逆に、自分や周りの人、環境や状況において、足りていないことをマイナスに捉えると、「これが足りていない」「なんでこれが満たされていないのだ」と思えて、イライラします。

「鳥のように飛べないのでダメだ」「キリンのように背が高くないからダメだ」と思うのがナンセンスなように、今の自分がクリアしていないことを嘆き、特に他人と比べて「ダメだ」と思うのはナンセンスです。

昨日よりも今日の自分のほうがよりよいならば（プラスならば）、今日よりも明日の自分のほうがよりよいならば（プラスならば）ＯＫと思って、そうなるように行動したほうが、楽しく物事が進みます。

何か問題や、よくないことが起きた場合は、ぜひ次の順番で考えてみてください。これは、私がいろいろ試してみて、よさそうだと思ったものです。

1．この状態でも「素晴らしい点」「不幸中の幸い」を、あえて挙げるとしたら、それは何？

2．この状態がどうなったら、一番よい？
3．この状態が「せめてこうならよい」というラインは？
4．3以上2に近づくために、したほうがよいこと、楽しくやる方法は？
5．3以上2に近づくために、やめたほうがよいこと、楽しくやめる方法は？

現代を生きる女性は、多くの困難を乗り越えながら生活しています。毎日のようにイライラが発生していることでしょう。何回か深呼吸をして、笑顔で「エクセレント！（素晴らしい！）」などと言ってみてください。きっと、よいことがあるでしょう。

最後に、いつもお世話になっている、日本アンガーマネジメント協会の皆さま、安藤俊介代表理事をはじめとする理事会、参事会、事務局、九州・沖縄支部の皆さま、ツナグバサンカク共同代表の金子マモルさん、家族、そして、この本の担当編集者である瓜島香織さん、コーディネートしていただいたおかのきんやさんに心より感謝申し上げます。

参考文献

- 一般社団法人日本アンガーマネジメント協会
「アンガーマネジメント入門講座　２０２０年度版」
- 『改訂版　アサーション・トレーニング―さわやかな〈自己表現〉のために』
平木典子著　金子書房
- 『人を活かし成果を上げる実践モチベーション・マネジメント
公認モチベーション・マネジャー資格ＡＤＶＡＮＣＥＤ ＴＥＸＴ』
一般社団法人モチベーション・マネジメント協会編　ＰＨＰ研究所

著者略歴

川嵜 昌子（かわさき　まさこ）

一般社団法人日本アンガーマネジメント協会参事。アンガーマネジメントトレーニングプロフェッショナル。

一般社団法人モチベーション・マネジメント協会 モチベーション・マネジャー ADVANCED。

マネジメントコンサルタント。ツナグバサンカク共同代表。


長崎市生まれ。東京のベンチャー企業の創業期メンバーとして立ち上げに携わり、自社の急成長、東証一部上場という経験を得た後、独立。5000社以上の経営者に取材およびコンサルティングを行う中で、感情のマネジメントが成功の鍵であることを確信。アンガーマネジメント、モチベーション・マネジメント、その他の研修、講演、相談を行っている。

著書『アンガーマネジメント管理職の教科書』『アンガーマネジメント経営者の教科書』（総合科学出版）

Webサイト：怒りと上手に付き合おう～アンガーマネジメントのすすめ
https://angermanage.info/

マネジメントコンサルタント 川嵜昌子のサイト
https://masakokawasaki.com/

企画協力：おかのきんや（NPO法人企画のたまご屋さん）

仕事もプライベートもうまくいく!
女性のためのアンガーマネジメント
〈検印廃止〉

著　者　　川嵜　昌子
発行者　　桃井　克己
発行所　　産業能率大学出版部
東京都世田谷区等々力 6-39-15　〒 158-8630
（電 話）03（6432）2536
（FAX）03（6432）2537
（振替口座）00100-2-112912

2020 年 12 月 15 日　初版 1 刷発行

印刷・製本所　日経印刷

（落丁・乱丁はお取り替えいたします）　ISBN978-4-382-05792-0